大地 大地 大地 大地 大地 大地 大地 大地 大地

大地 大地 大地 大地 大地 大地 大地 大地 大地

西洋文學簡介

大地譯叢 07

•枳園　著•

•大地出版社•

寫在前面

你愛好文學，喜歡閱讀，意欲進入西洋文學的殿堂嗎？
那，這本書正是為你編寫的，
希望你會發現它：
雖然簡略，卻能提供給你必需的資料，
而且會使你探索的步子更急切，更堅定。

枳園

目錄

英國

十、馬克・吐溫 (Mark Twain 1835-1910)
十一、亨利・詹姆士 (Henry James 1843-1916)
十二、威廉・何威爾斯 (William Dean Howells 1837-1920)
十三、路薏絲・梅・阿爾柯特 (Louisa May Alcott 1832-1888)
十四、愛茉莉・狄更遜 (Emily Dickinson 1830-1886)
十五、斯提芬・柯侖 (Stephen Crane 1871-1900)
十六、斯都・德萊賽 (Theodore Dreiser 1871-1945)
十七、辛克萊・路易斯 (Sinclair Lewis 1885-1950)
十八、約翰・史坦倍克 (John Steinbeck 1902-1964)
十九、尤傑・奧尼爾 (Eugene Q'Neill 1888-1953)
二〇、施烏德・安德森 (Sherwood Anderson 1876-1941)
二一、埃納斯・海明威 (Ernest Hemingway 1898-1961)
二二、湯瑪士・吳爾夫 (Tomas Wolf 1900-1938)
二三、威廉・福克納 (William Faulkner 1897-1962)
二四、傑克・倫敦 (Jack London 1876-1916)
二五、TS愛略脫 (T. S. Eliot 1888-1916)
二六、羅勃・佛羅斯特 (Robert Frost 1875-1963)
二七、桃樂珊・派克 (Dorothy Parker 1893-1967)

十七、斯坦達爾 (Stendhal 1783-1842)

十八、福樓拜爾 (Gustave Flaubert 1821-1880)

十九、龔果爾兄弟 (Edmond de Goncourt 1822-1896, Jules de Goncourt 1830-1870)

二〇、左拉 (Emile Zola 1840-1902)

二一、莫泊桑 (Guy de Maupassant 1850-1893)

二二、法朗士 (Anatole France 1844-1924)

二三、米爾博 (Octave Mirbeau 1850-1917)

二四、小仲馬 (Alaxandre Dumas Fils 1824-1895)

二五、綠第 (Pierre Loti 1850-1923)

二六、羅曼・羅蘭 (Romain Rolland 1866-1944)

二七、安得烈・紀德 (Andre Gide 1869-1951)

二八、卡繆 (Albert Camus 1913-1960)

德國

一、歌德 (Johann wolfgang Von Goethe 1749-1832)

二、席勒 (Johann Christoph Friedrich Von Schiller 1759-1805)

三、海涅 (Heinrich Heine 1797-1856)

四、赫培爾 (Christain Friedrich Hebbel 1813-1863)

英
國

一　丹尼爾・笛福（*Daniel Defoe 1660-1731*）

十八世紀初葉是英國小說的萌發時期，而丹尼爾・笛福首先將現實生活帶進了散文小說中。他的魯濱遜漂流記是英國文學史上第一部描寫現實生活的冒險小說，描述一個落難的水手漂流到一個荒無人跡的荒島上，從建造房屋、找食物，到如何記載日期如何計算時間，都有極詳盡而生動的描述，情節也能引人入勝；出版後大受歡迎，風行全世界，即使在科學昌明的今日，魯濱遜的荒島仍然具有它的魔力，爲全世界的孩子們所喜愛，所嚮往。

丹尼爾・笛福生於倫敦，是個屠夫的兒子，年輕時經商，對政治很有興趣，三十歲時經商失敗開始寫作，起初多爲政治性論文，他所創辦的觀察報（The Review）是第一份自由發表新聞及政治評論的報紙。到六十歲才發表他的第一部，也是最著名、最使他不朽的散文小說——魯濱遜漂流記。除魯濱遜漂流記外，他所著小說尚有：辛格頓船長、傑克上校、倫敦大瘟疫記事等，都是詳盡而具體地描述現實生活，而倫敦大瘟疫記事後人多奉之爲眞情實況。

笛福沒受過大學教育，他那取之不盡的知識與經驗都是從現實生活中攝取的；文筆淺易通俗，可說是一位通俗的大眾文學家。

二 賽彌爾・雷契遜(*Samuel Richardson 1689-1761*)

賽彌爾・雷契遜本來是倫敦一個小有名氣的出版商，他的第一部作品蓓米拉(Pamela)是本書信體的小說，以一個女僕的口氣，非常細膩地敘述一個重情感又尙情操的女主角所受的試煉與折磨，出版後立即獲得非常的歡迎，尤其是女性讀者，對他更是讚美、崇拜備至，他的第二本小說也是用書信體寫的，內容是敘述一個美麗而貞潔的女孩子受一個無賴漢的欺騙與凌辱，在情感的分析與處理上比蓓米拉更細膩更透徹，每個讀者都不由得不爲女主角克拉蕾莎流淚，同時對這位能把女性的情感表達得如此完美的天才作者表示讚佩。

雷契遜在文學上確有他不可磨滅的貢獻：他首先發現小說予以分析並解釋情感的可能。在小說裡，每一個動作，每一種情感都可以予以描寫，加以解釋，每一項思想都可以加以分析說明。他開了世界文學上情感主義小說的先河，自他以後，不知有多少本小說將人類的情感分析、解釋並誇大，以賺取百萬讀者的眼淚。

在今日，克拉蕾莎一書中所描寫的情感與道德雖然都因爲過時而顯得荒謬，讀起來仍然會爲那不幸的女主角的遭遇感動；而當時，簡直成爲一種啓示；它橫掃了歐洲，在人類的情感下，常識、理智、權勢、法令……統統顯得薄弱無力，而哭泣、同情、將生活情感化幾乎成爲一種宗教，盧梭爲克拉蕾莎痛哭並因之形成了他的「信賴人類的自然情感，才是拯救世界的途徑」的思想。

三 亨利・費爾丁 (*Henry Fielding 1707-1754*)

十八世紀是英國文學上兩種主要文學形式的迭更時期：戲劇漸趨衰退，小說興起。而費爾丁的文學生涯正說明了這一切。從一七二八年至一七三七年他一直致力於戲劇，一方面創作，一方面做舞台老闆；他的劇本很受當時觀衆的歡迎，近代小說家毛姆曾說他的對白自然而生動，不過缺少文學氣息；他最後寫的兩個諷刺劇針對當時政治上的腐敗，使英國政府通過了上演證法，規定凡上演戲劇必須得到御前大臣的上演證，這結束了費爾丁的戲劇生涯而開始寫小說。

他的小說的成功竟使後人不再注意他的戲劇。不過，從事寫劇本的經驗使他在寫小說時有不少方便，因爲他已懂得了簡鍊、懂得了事態迅速展開的價值，懂得了一氣呵成地寫完他的故事，也懂得了寫人物時不用描寫而用他們自己的語言與動作來表白自己。他與喬賽、莎士比亞、塞萬提斯等同樣地被稱爲偉大的說故事者；他認為生命中充滿了不調合與荒謬，使人有時意欲痛哭，一方面又忍不住要縱聲大笑，他的文學目的就是忠實地描寫生活。

他最成功的一部小說——湯姆・瓊斯——被譽為世界三大結構最謹嚴的小說之一，是描寫一個放蕩的青年的遭遇，他愛酒、愛賭、愛女人，行為放蕩，內心卻是正直、善良、慷慨，而且痛恨偽善，雷契遜的女讀者批評他的作品低俗，不錯，可是人生是有著它的粗俗面的，費爾丁就著意在描寫人生的粗糙面，他信賴人類自然的情感，崇尚情感為行為的先導，反對矯揉造作、假裝、偽善……。瓊斯就是他本人的畫像。除湯姆・瓊斯外，他還寫了約瑟夫・安得魯斯、愛米里亞等小說，不過都沒有湯姆・瓊斯有名。

四　奧立佛·高爾斯密斯（Oliver Goldsmith 1728-1774）

散文家、詩人、戲劇家、小說家，高爾斯密斯可說是個文學全才，在各方面都有其優異的成就。生於愛爾蘭，是個心地善良個性慷慨的人，他會把僅有的毯子送給乞丐而自己躲在草堆裡發抖，也會把最後一毛錢施捨給窮人然後到裁縫店去賒欠一件顏色鮮艷的外衣穿；懦於言，無安排生活的能力，時常成爲朋友們的話柄，不過，也總能夠自謀生活就是了。大學畢業後，曾遊歷歐洲並習醫，曾做牧師、教師、律師、和醫生等職可是都失敗了，三十歲到倫敦，以替報紙雜誌撰文爲生。一七六二年散文「世界公民」出版後，漸爲文學界人士所注意，不過生活仍然窮困潦倒，他唯一的小說「維克菲牧師傳」是抵房租賣給房東的，如今已成爲世界名著，描述一個破產後的牧師家庭，如何在貧困中仍然生活得正直，不失尊嚴而且充滿了情趣，情節感人文筆自然而流暢，沒有說教的文字，卻使讀者無形中領會到某些寶貴的教訓，是本迄今仍然擁有極廣的讀者群的作品。

他的詩寫來自然流暢，「荒蕪的鄉村」一詩向爲學詩者所必讀，敘述一個旅客回歸故鄉，發現故鄉荒蕪了，他在村中漫遊，回憶著往事心中充滿了悲戚與感慨，是首柔和而美麗的詩。他的喜劇「她謙卑地征服」(She Stoops to Conquer) 是唯一現代舞台上還上演的十八世紀劇本。

五 珍・奧斯汀 (*Jane Austen 1775-1817*)

自小說興起以來，在十八世紀後葉，不但讀者多爲女性，也有不少女性嘗試小說的創作，而珍・奧斯汀是其中最傑出者。與她同年代的歷史小說大師華爾特・司各脫譽她爲不可多得的寫實大師，而近代作家毛姆選她的「傲慢與偏見」爲世界十大小說之一。

奧斯汀出生於英國世家，父親是個鄉村牧師，她排行老七，一生蟄居鄉下，與外界很少接觸，故雖然她所處的時代正是西歐多事之秋：在思想上，盧梭的自由主義正熾；在政治上，法國大革命及拿破崙的崛起與失敗影響了整個世界局勢；在文學上，正值浪漫主義的鼎盛時期；可是在她的作品裡很少有關對這些事物的描述。她所寫的多爲英國省城社會裡中產階級人們的日常生活，沒有出奇的情節，沒有驚人的冒險，可是透過她那深刻的觀察力，風趣的幽默感及一枝鋒利而充滿了機智的筆，這些日常瑣事及平凡人物的故事均能使萬千讀者愛不釋手。

她從很早就開始寫作，在二十五歲已完成了好幾部作品，可是一直到若干年後才有出版商肯爲她出版。她的作品很多，計有：感性與理性、諾森格修道院、愛情與友誼、勸說、曼斯菲特公園、愛瑪和傲慢與偏見。

她的每一部作品都擁有極廣的讀者群，而在中國最普遍地被閱讀著的還是「愛瑪」和「傲慢與偏見」。

愛瑪是個快樂、能幹而又獨立的女孩子，她喜歡替別人解決問題，能夠從生活中領取教訓，不過由於對自己情感的錯估，一切努力都成了白費。

「傲慢與偏見」被公認爲她的傑作，出版於一八一三年，當時版權只賣得十鎊。是描寫一個母親爲五個待字閨中的女兒選擇佳婿的故事。與她所有的作品一樣，描述的是省城中產階級人們的日常生活及情感，母親是個平庸而勢利的女人，生活的目的就是爲女兒找對象，大姊恬靜和善而美麗，三個妹妹都是行爲放蕩隨便，而二姊伊麗莎白豪放、愉快、勇敢、機智、敏感，可說是書中最可愛的人物；故事即以伊麗莎白與大姊爲主，結構謹嚴，情節自然而有趣，結局也圓滿，是一部深受喜愛，至今仍爲大家所傳誦，值得一讀再讀的作品。

六　華爾特・司各脫（Sir Walter Scott 1770-1832）

詩人、小說家、學者、精力充沛樂於交遊的英國紳士，司各脫出生於蘇格蘭，父親是律師，曾學法律，後轉致力於文學，小時因體弱與祖父同居而遍讀祖父的藏書，對歐洲十五至十八世紀的歷史尤其熟悉，這對他日後的寫作上有極大的影響。

他在文學上的成就有三方面：研究民謠，寫敘事長詩及歷史小說。他自小就有收集民謠的嗜好，後來把它們的寫作背景及意義加以研究分類後出版，開啓了後世研究民謠之端，也引他走上寫作之途；而對歷史與記敘古聞逸事的民謠的興趣使他寫的詩一反當時盛行的浪漫主義作風：雖然他也是尙情感重寫景，可是他所取的觀點是客觀的，著重在動作的描述，而內容多爲以歷史作背景的愛情冒險故事，這是一種前所未有的新詩體，出版後，拜侖首先模仿，而影響遠至近世俄國詩人普式庚。

至拜倫也開始了這種敘事長詩的創作後，司各脫改變方向開始寫小說。他的第一部作品(Waverley)出版後在一年內售出六版，這加強了他的信心，陸續出版的作品有三十二部之多，均爲以歷史事件與傳說爲背景而他所創造的人物與歷史人物交織在一起的愛情冒險故事；其中必定有一個美麗動人的女主角，英勇忠誠的男主角，及卑鄙的壞蛋，也一定會遇到一些驚險而神秘的遭遇。他的描寫是粗枝大葉的，結構也不夠謹嚴，可是當你閱讀著時，總不由得爲它們那磅礴的氣勢，神奇的事件及生動的人物所吸引。歷史小說自他以後成爲小說中一種主要的形式，深受大衆所歡迎，而好萊塢以他的作品爲藍本製成的影片已不計其數。

在他的三十二部作品中最有名的該算「劫後英雄傳」了。是以十二世紀的英國爲背景，當時正値諾曼族統治英國各部族而開始建立國家雛形之際，社會上盛行騎士制度，歷史人物有理查大帝、約翰王子及當時最受愛戴的綠林英雄羅賓漢等，而男女主角愛萬豪(Ivanhoe)和羅雯娜(Rowena)的愛情就在這種充滿了中古氣氛的背景中開展、進行，故事中有愛情，有冒險，人物中有俠腸義骨的騎士，有專逗人笑的滑稽小丑，有神秘的巫婆，而景物中有宮庭，有堡壘，有城市，有森林寺院……司各脫的天才在這本書裡發揮無遺。

與他的作品類似，司各脫是個精力充沛的人，他樂於交遊，畢生致力於寫作，

七 查理・迭更司 (*Charles Dickens 1812-1870*)

至十九世紀中葉，小說不僅是文學的主要形式，而且又負起了社會改革的任務。許多作家試著透過他們所描繪的現實來指出社會的病象，以影響世人的觀點，而查理・迭更司是最成功的一位。

迭更司可說是成長於憂患貧困中。父親是個政府的小職員，不善理財，在迭更司十一歲時，因債務問題入獄；自那以後，迭更司就離開了正式學校而進入社會這所大學裡。他曾經當過黑鞋油廠的童工，也幹過律師事務所的工友，待他學會了速記之後，才開始過記者生涯，嘗試寫作。

他的第一部作品 (Sketches by Boz) 出版於一八三六年，是關於倫敦社會的生動素描；第二部作品匹克威克遊記 (Pickwick Papers) 使他躍上了最受歡迎的作家的寶座。自那以後，迭更司連續推出了十三部長篇小說，成爲一個飲譽全球的大寫實家。

迭更司的作品多以自己早年的經驗與見聞爲題材，透過這些作品，他不僅以那些栩栩如生的人物，引人入勝的情節，及豐富的情感感動了百萬讀者的心，而且也收到了改革社會的功效，英國有許多制度都是受了這些作品的影響而有所改善的。

雙城記、聖誕歌頌、匹克威克遊記、奧列佛爾、亂世孤雛及大衛高柏菲爾是他最受歡迎的作品。

雙城記(Tale of Two Cities)是他唯一不以他自己的身世爲素材的作品，也是他的傑作，是讀過卡萊(Carlyle)的法國大革命後觸動靈感而寫的，敘述法國大革命時的一個愛情故事，結構謹嚴，情節動人，男主角「加同」那種捨己犧牲的愛，爲人類的情感定了一個高超神聖的境界。

大衛・高柏菲爾(David Copperfield)公認爲是他最成功的一部作品，全書完全以他自己的生平爲藍本，雖然像他其他的作品同樣地，在描寫人物上有點誇張，在處理情節上太戲劇化，可是那些生動的人物，動人的情節，豐富的幽默感及那個可憐的孩子的遭遇使你不由得不一會兒擦眼淚，一會兒發出會心的微笑，一方面卻又急急地翻著書頁。

晚年，他曾遊歷美國，到處朗誦他自己的作品，深受歡迎。卒於一八七〇年。

八 威廉・辛克萊（William Makepeace Thackeray 1811-1863）

辛克萊是與迭更司同時代的寫實主義大師，作品多取材自英倫的上流社會，文筆諷刺而幽默，有諷刺家之稱，他不像迭更司寫作懷有改革社會的宗旨，也不像近代作家以作品闡述深奧的哲理，他只是以他同情的眼觀察現實，然後忠實地描繪它，他的寫作態度是：以描繪現實的眞相來批評人生，諷刺社會，以期改善人性。

他出生於印度，父親是東印度公司的辦事員，五歲時喪父，隨母返國接受教育，一八二九年入劍橋大學，可是次年便退學了，原因是他感到大學教育只不過是浪費時間。他想做個職業藝術家到歐洲去學畫，後又學法律，結果什麼也沒學成，一筆相當可觀的財產卻被他浪費淨光。於是他拿起了筆為報紙雜誌寫論文或幽默故事來維生，與迭更司同樣地，在二十三歲時便小有名氣了。

使他躍上大作家寶座的作品是浮華世界(Vanity Fair 1848)，是描繪拿破崙稱霸歐洲時的倫敦社會，裡面充滿了狡詐、欺騙、愚弄、凶惡、無賴的事，他自己稱之爲沒有主角的作品，這就某一方面來說是正確的，因爲書中主要的人物是個機智、任性而大膽的女子，她利用那些傻裡傻氣的貴族們爲自己鋪出一條道路，達到了她的人生最高慾望：金錢。全書故事情節非常引人，而且戲劇性的高潮層出不窮。

盤特尼斯(Pendeunis)是以他早年的經驗一些出身優越環境一味的愛顧與嬌縱的青年塑造了一個典型。

亨利・伊斯蒙(Henry Esmond)是英國的一部描繪過去的作品，時代背景遠溯至安娜女王時代，主角是個英國上流社會的紳士，與當時的重要人物及社會事件都發生過關係，故除去伊斯蒙的故事外，還可窺見當時許多名人的畫像。

除上述三部作品，他還著有紐康氏傳、維吉尼亞人等，均有其見長處，不過沒有上述三部著名。

九 喬治・艾里脫（George Eliot 1819-1880）

當迭更司與辛克萊漸趨沒落時，在英國又出現了一個以新題材新作風影響全世界文壇的女作家，她就是被譽為心理分析派始祖的喬治・艾里脫。

喬治・艾里脫的本名是瑪琍・安・伊娃絲，生於英國華威克郡的一個大農莊上，父親是這農莊上的管理人，她曾受過極好的教育，精通好幾種語言，是當時學識最豐富的女子之一。一八五一年至倫敦任惠斯敏雜誌的助理編輯，結識了不少當時的名作家，也結識了極負盛名的批評家喬治・路易斯（她未來的丈夫）受了路易斯的鼓勵，她開始了小說的創作。

她的第一部作品「牧師的生活」於一八五七年開始在黑木雜誌上連載，引起了普遍的注意，而當「福路河上的磨坊」與「織工馬南傳」連續出版後，她就成為名噪一時的大作家了。

她的小說多取材自她所熟悉的農村生活，而她的風格是著重在人物的心理分析及對社會道德的基本啓示，當然這與當時文壇上所昌盛的理性奔放趨向有極大的關係，她的作品在吸引讀者的力量上雖不及迭更司及辛克萊，在深度上卻遠勝過他們；這也就是說，前兩者的作品可能使你讀時愛不釋手欲罷不能，而艾里脫的小說卻會使你在放下書本之後，留給你不少東西供你回味，供你思索，供你參考。不過，她的作品並不是艱澀難啃的硬乾糧，她有豐富的幽默感，深刻的觀察力，及美麗簡潔的文筆，她能創造出眞實的人物，也能爲她的人物安排一個適當的生活環境。

「織工馬南傳」是她的傑作。故事的主角西勒斯・馬南是個孤獨的織工，他孤獨地工作，孤獨地生活，很少與人來往，他曾經蒙受過不白之寃，辛苦賺來省吃儉用積下來，曾經是他生活的全部樂趣的一袋金幣又失蹤了，可是一個棄嬰使他的生命全部改了觀。故事極簡單平凡，沒有戲劇性的情節，沒有使人屏息的高潮，可是她不但使我們感受到了馬南所感受到的，而且了解了他所有情感及行爲的動機與意義，而當你讀到那棄嬰的紳士生父前來認領她而她情願留在貧苦的馬南身旁時，我相信你的生命也會爲馬南的快樂所照亮的。

十　夏綠蒂・勃朗特（*Charlotte Bronte 1816-1855*）

假如說迭更司與辛克萊合繪了一幅英國都市生活的全景，而艾里脫寫出了英國鄉村生活的話，勃朗特三姊妹則利用她們的想像力在現實的背景上散佈了神秘的氣氛，以羅曼司來討論人類的情感與靈魂。

勃朗特三姊妹自幼喪母，隨父親與姨母住在荒涼的海華斯一所石屋裡，父親是該區的牧師，性情孤僻，不喜歡孩子；三姊妹平時除了在荒野上散步，就是關在樓上兒童休息室內以閱讀與寫作自娛。她們都是體弱多病，只受過極短期的學校教育，都是很早就開始寫作，而且都是很年輕就離開了人世；故在寫傳記時都是把她們姊妹三人同時寫。

從那種自娛的閱讀中，她們讀了不少文學、哲學、宗教方面的書籍。她們出版的第一部作品是三姊妹的詩集，可是，沒引起任何注意，只賣出兩本。她們對這次失敗的反應是：每人寫一本小說，結果其中有兩本成爲世界上最受歡迎，至今仍然爲暢銷書的世界文學名著，那就是大姊夏綠蒂的「簡愛」與二姊愛彌兒的「咆哮山莊」。三妹安妮是個可愛而天份並不太高的女孩子，她所著的艾格尼斯．格雷（Agnes Grey）遠沒有前二者著名。如今讓我們先來討論夏綠蒂．勃朗特的「簡愛」。

簡愛(Jane Eyre)是一部以自傳體裁寫成的小說，敘述一個孤女一生的遭遇，故有的譯本題名爲「孤女飄零記」。簡愛的女主角是英國文學上，第一位外貌平凡而具有完善的內在美的女子。她有意志、有思想、有相當的學識與藝術修養，也有熱情與崇高的道德觀念；她確信生命中不能缺少了解與愛，而靈魂與精神是不可統御的。這也正是使她毅然離開她所愛的人而出走的力量，也是使她推掉表哥的求婚而重回到愛人的身旁的因素。

故事很平凡，結構也很散漫，而對話有時顯得太文謅謅了一點，可是當你開始了第一頁之後，擔保你要急著看到底，這當然要歸功於作者優美的文筆，及取材自現實生活中人人都能體會了解的故事；可是那洋溢在全書中深厚的情感，崇高的操守，以及充滿了機智耐人尋味的對話，卻會使你在放下來之後，急著再拾起來。的確，這是本老少咸宜，值得一讀再讀，而每讀一次都會給你一些新感受、新啓示與新樂趣的好書。

十一　愛彌兒・勃朗特 (*Emily Bronte 1818-1848*)

勃朗特家二姐愛彌兒是個奇特、神秘而且陰沉的人物，她孤獨不群，脾氣暴躁，個性倔強，從沒有人能夠說服她做什麼事：即使是生了病，也沒有人能說服她接受醫生的診療。她是下午二時逝世的，而上午仍然穿著整齊做縫紉工作，至中午答應請醫生，卻已來不及了。

咆哮山莊 (Wuthering Heights) 是她唯一的作品，在當時並未引起文壇的注意，即使是她姐姐夏綠蒂也沒發現自己的妹妹已寫了一本光耀奪目照亮文壇幾世代的作品。毛姆在世界十大小說家及其代表作中推崇它爲一本非常的作品，是一本壞書，也是一本好書，它是醜陋的卻也有其美點，是一本可怕、痛苦、而又熱情的書，內容是敘述一個狂野、熱烈而又殘酷的愛情故事，男主角希斯克里夫與女主角喀巴琳本是天造地設的一對，他們都是又野、又暴躁、又熱情，可是地位的懸殊及外力的影響使他們不能結合，結果希斯克里夫含恨離去，而喀巴琳爲了地位與名望嫁給了一個她並不愛的鄉紳，悲劇之根就紮在這裡。幾年後，待希斯克里夫以豪富紳士姿態又出現時，一幕幕以愛爲動力，以報復爲手段，時而恐怖，時而殘暴，時而神秘的活動展開了。你簡直想像不出一個體弱多病，一生隱居在荒野中過著單調生活的牧師女兒會寫出這樣雄渾有力的作品！它會使你如同置身在荒野中，天空中濃雲密佈、雷電交加，使你窒息，使你不安，卻也具有鼓動的力量，假若沒有非凡的想像力是辦不到的。

這本書的結構並不完美，愛彌兒是讓一位曾經在咆哮山莊當過管家的女傭來敘述這故事的，這在描寫景物或敘述人物的對話時就太不方便，同時，如果堅持人物的語言必須與身分相當的話，那愛彌兒・勃朗特所使用的文字就遠超過一個農婦的程度，不過，形式與內容比起來重要性原就差得多，這也就是何以咆哮山莊，雖然在形式上不完美，仍然不失爲偉大的作品了。

十二　湯瑪士·哈代（*Thomas Hardy 1840-1928*）

如果你曾經讀過還鄉記 (The Return of the Native) 與黛絲姑娘 (Tess of the D'Urbervilles) 的話，你必定熟悉一處灌木叢生、沉鬱、貧瘠荒涼的荒地，這就是湯瑪士·哈代的家鄉—英國南部的陶徹斯特郡，也是他作品中的一個重要角色；我們說它是「角色」而不說「背景」，因爲他不但讓他的人物在它上面活動，而且使它象徵著那不可抗拒的命運，永遠固執地左右著人們。人們盲目地與命運抗衡，最終卻逃不出預定的命數，他的作品大部份都表明了這種悲觀的宿命論。

湯瑪士·哈代年輕時曾在倫敦學過建築而且曾經獲得兩次建築獎，可是學成後卻回故鄉開始寫作，第一部作品「綠樹下」沒有引起任何人的注意，至第二部作品「遠離狂亂的群衆」就以他所描寫的未受工業革命，鐵路建築的影響的鄉村生活引起了普遍的注意。其後連續寫了十幾部小說，其中最著名的三部是：還鄉記，黛絲姑娘與凱城市長(The Mayor of Casterbridge)。都是在命運的左右下產生的悲劇。

像還鄉記中的克絲塔霞，這荒原的反叛者，爲了達成離開荒野的目的，她嫁給克拉姆，而克拉姆卻決意留下來教育鄉民，她決定與愛情不專的魏台夫私奔，卻在荒原上迷了路，陷入泥沼中；人是盡了其最大的努力，卻沒法逃過那殘酷的命運，當你看著那些盲目地活動著的人們讓機會從身旁溜走，毫無防備地走向危險，你不由得會爲他們惋惜，爲他們焦急，深深體會到命運的不可測。

哈代可說是個享壽相當高的作家，在他五十幾歲以後的三十年中改寫詩，他的抒情小詩對後代有極深的影響，而詩劇統治者(Dynasts)也相當有名。

十三 羅勃・路易士・司蒂文遜
(*Robert Louis Stevenson 1850-1894*)

「當我年輕時總是被人指稱爲懶惰，其實我比誰都忙，只不過所忙的是我個人的另一個目標—學習寫作。我經常在口袋裡裝的有兩本書：一本是爲了隨時拿出來讀，而另一本是隨時記下我的所見所聞所思。而當我走路時，腦子裡總是在思索著以什麼字眼來表現我所看到的一切……」

英國小說家司蒂文遜這段話時常被學習寫作者引爲學習寫作的途徑，而司蒂文遜就以這方法，不斷地錘鍊自己的文體風格，使自己成爲世界上著名的文學家。他的作品範圍很廣，不管短篇小說、長篇小說、詩、論文都很有名。而最負盛名的還是那些能夠表達他的樂觀的天性及年輕的朝氣的書信、散文及冒險小說：金銀島(Treasure Island)，誘拐 (Kidnapped) 及孩子的詩園 (A Child's Garden of

Verses)。

金銀島是他最受歡迎的一本書，書中主要人物是一個十幾歲的小男孩及一群海盜，他們爲了尋寶航海、鬥爭、冒險、海盜們陰謀詭詐，神出鬼沒，而小男孩勇敢、機智，終而小男孩所屬的善的一方得勝而且尋獲了寶藏。文筆優美情節緊張，年輕的朝氣與浪漫情調，洋溢在字裡行間，對人物的刻劃也相當成功，可是他情願從動作、事件中顯現人物的性格而不採用心理分析法，故這是一部充滿了動作與緊張的作品，喜歡看偵探、冒險影片的讀者必定愛不釋手。

司蒂文遜在二十幾歲時就染了肺病，在那時，肺病還是不治之病，可是他能與疾病抗衡而仍保持他的樂觀天性享受生命的甘美面，而且努力不懈地工作，在短短的幾十年中發揮了他生命力的極致。

他生於蘇格蘭，曾遊歷歐洲，住過美國，臨終前五六年在南洋賽母亞島築了一幢高出海面五百呎的房子，在那裡他工作，寫詩、寫故事、寫信給朋友們，也參加土人們的活動，死後，朋友們葬他在他所嚮往的高山巔上。

十四　路德亞得・吉卜齡 (*Rudyard Kipling 1865-1936*)

路德亞得・吉卜齡是一個傑出的現代作家。寫作範圍很廣，詩、長篇小說、短篇小說都很有名，尤擅於短篇小說。他以敏銳的觀察力搜集各種新的題材，以生花妙筆創造各種新的風格，然後再以豐富的想像力爲故事渲染上或悲劇、或幽默的色彩，他的短篇小說是多采多姿的、豐富的、引人的。一九〇七年獲諾貝爾獎，爲英國第一位獲此獎的文學家。

吉卜齡誕生於印度，父親是英國藝術家，在印度管理一所博物館，七歲時，被送回英倫求學，十七歲時再返印從事報館記者及編輯生涯，一方面開始寫作，二十二歲時出版第一本短篇小說集，其後兩年內連續出版六本短篇小說集，都是以印度風情爲題材，出版後立即風靡了印度、美國及英國，受歡迎的情形只有迭更司可與相比。

自那以後，他曾旅行中國，留居美國幾年，然後重回英國，並繼續寫作，作品計有長篇小說：Naulahka，Captains Courageous，Kim 等；詩集：Departmental Ditties，Barrack Room Ballads，The Five Nations 等；兒童故事：The Jungles Books，Just So Stories 及數不清的短篇小說集。於一九〇七年獲諾貝爾文學獎，死後葬於西敏寺「詩人的角落」。

十五　約瑟・康勒德 (*Joseph Conrad 1856-1924*)

「我所嘗試著完成的工作是：藉文字的力量使你聽見，感覺到，當然首先還是使你看到。如果我成功了的話，你可以依照自己的欣賞力而得到應得的鼓勵、慰藉、恐懼及魅力，或許還有一瞥你忘記了探尋的眞理之光。」在他的一本小說的序言中，約瑟・康勒德如此說出了他對小說技巧的觀念，而他的每本作品都是這觀念的具體化。

生於波蘭，後歸化英國，雖然從小說的語言是波蘭語與法語，卻以完美的英文寫他的小說。有二十年一直過著海上生活，大部份作品都是以海洋爲題材，描寫各種不同的人在不同的情況下的各種冒險，故事雖有神祕怪誕的氣氛，卻含有極深的人生意義。

亞梅爾的愚行 (Almayer's Folly) 是他的第一部作品，也是他的成名作，寫的

十六 約翰・高斯華綏 (*John Galsworthy 1867–1933*)

約翰・高斯華綏與康勒德同樣地在文字上有其完美的風格，在寫作技巧上也有其最高的成就，不過，他寫的是英國維多利亞女王時代的中上階級社會。他以嚴肅的態度，精細的文筆揭發其虛僞、平庸、及不平，對社會問題及男女兩性間的關係都極有興趣，他看不慣當時社會的一切虛僞，也不相信人類有幸福的遠景，他認爲婚姻只是一種在傳統與法律的保護下的枷鎖。

福賽特家史 (Forsytes Saga) 是他的成名作，也是他的傑作，第一部有產者 (Man of Property) 出版於一九〇六年，描寫英國維多利亞時代一個中上階級家族之間的紛爭，包括習俗、婚姻、道德等等問題。書中人物沒有一個是盡善盡美的，也沒有一個是窮凶極惡的，都各有其優點，也各有其缺點，爲小說中的人物描寫創造了一種新的風格。

十七 奧斯卡・王爾德（*Oscar Wilde 1856-1900*）

提起奧斯卡・王爾德，總離不開英國十九世紀末的唯美主義運動，而提到唯美主義運動，這位身著奇裝異服，手拿百合花，襟上插向日葵的領袖人物首先映現眼前。他認爲人生是一種藝術，以美與享樂爲最高的標的，至於文學更是唯美是從；他一生在實際生活中實踐這主張，在文學創作中闡述表明這主張，成爲唯美運動的代表人物。

他的創作是多方面的：詩、短篇小說、童話、長篇小說及喜劇都有其不朽的成就。童話集「快樂王子」詞藻華美，寓意深刻，故事又動人，不管成人或孩子都會愛不釋手；唯一的長篇小說「陶林・葛雷的畫像」是唯美派文學的代表作，書中描述一個只求快樂不顧任何道德標準的青年，把人生當作遊戲場，任意而行；故事情節緊湊神祕，很能引人入勝。

他最成功，對後世影響最大的作品還是戲劇，尤其是喜劇，他使英國的喜劇跳出維多利亞時代的那種乏味的說教式的作風，重又具有了活潑、機智的喜劇精神，少奶奶的扇子、莎樂美、一個不重要的女人、理想丈夫等是其代表作。

他於一八五六年生於愛爾蘭首都都柏林城，父親是名醫，母親是詩人，他先在都柏林的三一學院讀書，後進牛津大學，以寫詩和研究古典文學漸露頭角，並成爲倫敦唯美運動的領袖，他曾經到過新大陸，在美國大受歡迎，出盡了風頭，後來由於同性戀坐了兩年監，在獄中完成了他的最後名著獄中記，自那以後，一蹶不振，潦倒終生，於一九〇〇年客死於巴黎一家小客店中。

十八　赫勃特・威爾斯（*Herbert G. Wells 1866-1946*）

廿世紀初葉的小說有四種特質：㈠對科學發明特別發生興趣，㈡描繪現代工業社會狀況並寓有改善的願望。㈢以一種幽默輕鬆的態度來觀察社會習俗，提示缺點。㈣發出嚴重的呼籲以激發更高的熱情，更高的美德，及更有生命力的信仰。而威爾斯的作品正可以代表這四種特質。

這也難怪，威爾斯生於這個科學發明日新月異的時代，而他又是學科學的，當他一旦從教科學轉爲新聞事業而從事寫作時，自然會以他最熟悉的事物爲素材，他寫了許多以科學理想的進步爲根據的科學傳奇，時間機器 (The Time Machine) 及莫洛博士島 (Island of Doctor Morcau) 爲代表作；而空戰 (The war in the air) 是一部很快地就實現了的科學預言小說。

威爾斯同時也是一個社會學家，稍後他即擴大寫作範圍，以嚴肅的態度撰述有關社會問題的著作，爲舊世界的新世界 (New World for Old) 是這類作品的代表作，他一方面揭示現代社會各種缺點，一方面提出改善的意見，認爲科學發明與理智可助人類諦造一個完美幸福的環境，其觀念表現得非常巧妙有趣，其餘如：展望集（Anticipation），近代烏托邦 (A Modern Utorpia) 都是這類作品。

從克普斯 (Kipps 1905) 起，威爾斯開始以嚴正的態度，輕鬆的筆調來寫小說，內容仍然是描繪現代的社會問題：工作、商業、政治、男女之間等等：同時科學發明、教育、宗教等仍然是他最感興趣的題材。同諾本蓋 (Tone Bungay) 可說是代表作。**此外**：波利先生傳 (Mr. Polly) 也是以諷刺文體研究中產階級生活的作品。安・衛蘿尼卡 (Ann veronica)，婚姻 (Marriage) 與熱情友人 (The Passionate Friends) 等爲討論婦女問題及熱情與社會秩序間的衝突的作品。

卜里特林先生看見它通過 (Mr. Britling Sees It Through) 是描寫第一次世界大戰爆發後一個英國家庭的生活情形及戰爭對一個人的影響，戰後，他的寫作範圍擴展至歷史方面，世界史綱與世界史略是最重要的兩部，他寫歷史的特點是從地質時代寫起，生物的發展也佔有一部份，而著重點在文化的演進與人類的進步。

十九　威廉・撒姆賽・毛姆
(*W. Somerset Maugham 1874-1965*)

這次我們將談談名聞全球的英國說故事大家——毛姆，的確，他的作品幾乎都是把自己拉入故事裡，以說故事的方式，慢慢道來，平易親切，具有極強的感人力量。

他生於巴黎，父親是英國駐法大使館的參事，十歲時，父母相繼去世，回國寄養在當牧師的叔父家，他自小就有文學的傾向，可是叔父堅持他必須學一種實用的謀生之道，於是他進了醫學院，可是獲得學位後即把所學丟得老遠，而開始了他的寫作生涯，在最初十年默默無聞，只是靠少許遺產勉強度日，至一九〇七年，劇本腓烈特夫人(Lady Frederick)出版後，獲得極大成功，此後人們開始喜愛他的各種作品：劇本、小說、短篇故事。

他酷愛旅行，足跡遍全球，而隨時隨地揀取他的寫作題材，他的作品地方背景也是包括全球的。一九二二年曾來華漫遊，寫中國見聞錄。

人性枷鎖 (Of Human Bondage) 是他的傑作，也是他的自傳，他的少年時代，他的羞澀與不健全心理，醫學院的生活，及戀愛故事在這本書裡都有極爲精彩的描繪，當然全書的重點還是在他與那位水性楊花的女侍的盲目愛情，他所描述的愛情不再有一般詩人與小說家筆下的詩情畫意與甘美幸福，而是一種痛苦，一種煎熬，一種解脫不了的精神枷鎖。當你看到他一次再次地受著那個女人的戲弄，爲那個他明知並不愛他的女人犧牲時，你不會笑他傻，而要感喟道：「人性眞的是這麼一回事呢！」

剃刀邊緣 (The Razor's Edge) 是他的另一部傑作。故事中主要人物有三個：一個平庸的富家子，一個志在鑽研學問，窮究事理而不能成就一事的青年，女主角愛的是後者，卻選擇了前者爲她的終身伴侶，說故事者是他們的朋友，他就以他的觀察，了解與邂逅把整個故事告訴了讀者，除了故事外，還有不少東西足以使你當放下書來之後要閉目沉思一會兒，或是再翻開某一頁重看一遍再看一遍。

煎餅和麥餅 (Cakes And Ale)，月亮和六辨士 (The Moon And Sixpence) 及無數的短篇小說及劇本都是值得一讀的好書。

二〇　大衛・赫伯・勞倫斯 (*David Herbert Lawrence 1885-1930*)

在文學史上第一位在作品中赤裸裸地描寫兩性關係的作家還該數英國的勞倫斯，他的作品大多與性問題有關，像兒子與情人 (Sons and Lovers) 是描述母親的獨佔情感・，有情的女人 (Women in Love) 是描寫病態的性生活・，失掉的女兒 (The Lost Girl) 與亞倫的杖 (Arron's Rod) 也都充滿了性心理的描寫，而查泰萊夫人的情人自出版後即成爲全世界爭論的對象——這本赤裸裸地描寫兩性關係，頌讚性生活的書到底是好還是壞？無疑地，那有力的筆觸，生動而細膩的描寫，的確是出自一個大文豪的手筆，可是那主題呢？在過去，所謂眞正的文學作品向來是不涉及這類問題的，即使情節所關也只是輕描淡寫幾筆就帶過去了，哪裡有這樣暴露這樣大膽的呢？

一般人都認爲是近於淫穢，對讀者的影響是壞的，故出版後被不少國家列爲禁書，其實勞倫斯的目的只不過在解除人類對這事上所受的傳統桎梏，把它從黑暗齷齪的角落釋放出來，剝去它那穿了多年的羞恥，骯髒的外衣，顯現出它原始的力與美，蕭伯納甚至主張這是本值得推薦給每個待嫁的少女去讀的好書，因爲它可能使他們祛除一些不正常的心理，而悟出人性的眞諦，而陳之藩在「在春風裡」討論到這本書時曾說它是以這個最原始，最徹底的符號來與這個萬丈紅塵的文明世界抗衡。「他不用修飾完美的文字，不用剪裁得體的衣裳，他的圖畫中，一邊是塵埃蔽天的鬧市，一邊是原始的叢林，在鬧市裡，是千萬生靈在文明的齒輪裡遭受折磨，而在叢林中卻是兩個赤裸的生靈在歡欣起舞。表面看起來，這是部污穢不堪的書，而讀起來卻是潔淨可喜的。」他說。到底如何，還得視讀者的觀點與欣賞力來決定。

勞倫斯是諾定漢州的一個礦工的兒子，他的作品背景大都取於此，他的母親鼓勵他去受教育，曾任過小學教師，後來開始以寫作爲生。

二一　詹姆士・喬埃斯（James Joyce 1882-1941）

這位愛爾蘭小說家生平只寫了六本書：一本薄薄的詩集、一本短篇小說集、一齣戲劇、和三本小說。可是他在小說中所用的新體裁，給予現代文學極為深遠的影響，形成了所謂「意識流」體的小說。他的「尤力西斯」是這派小說的代表作。

所謂意識流體小說，其故事全靠書中主要人物的心靈直覺，觸景生情，想到哪裡寫到哪裡，不注重時間的先後，不顧情節與結構，因為一個人的生活即是由他每天所接受的印象及在意識中映現的事物綜合組成的，唯有如此描寫才能眞實地描寫人生，故意識流的小說，多著重在環境對人心理上所引起的複雜反應與情感的伸縮奔放。

喬埃斯出生於愛爾蘭首都都柏林，幼年時對音樂極為愛好，有一付天賦的好歌喉，後來由於視力不足，對世界的聆察更是以耳代目，這使他的作品有一種音樂

二二　達芬妮・杜茉莉 (*Daphne Du Maurier*)

在廿世紀近四十年代，英國有一位女作家以神祕幻想小說贏得了全球的愛好，而以她的小說爲藍本攝製成的電影又風靡了千千萬萬的觀衆，她就是蝴蝶夢的作者達芬妮・杜茉莉。

蝴蝶夢 (Rebecca) 是本基於幻想的神祕小說，富有浪漫情調和緊張的懸疑氣氛，故事情節像個謎團，從一開始就緊緊地抓住讀者的興趣，使你不得不屏息讀下去，而她那流暢自然的筆調，豐富優美的詞藻如同山澗泉水潺潺而流。故事是由書中女主角以追憶的口氣敘述出來的，麗卑加 (Rebecca) 是女主角丈夫的前妻，雖然女主角的追憶是從她認識她丈夫開始，而整個故事卻在她的亡魂的陰影籠罩下，她的個性，她的爲人，她的婚姻……都抽繭剝絲般從敘述者的追憶中慢慢顯現出來，直到眞相大白，而故事就在最高潮時驟然結束，留給讀者無窮的回味。

杜茉莉平均每隔兩年完成一部作品，大都是這類具有高度吸引讀者魅力的神祕小說，最著名的有：荒山巉谷 (Hungry Hill) 蕾綺表姊 (My Sister Rachel) 哈安惱小姐 (The Kings General) 等，除此之外，她還寫了兩本有關她家族的書：傑拉德，杜茉莉家族史。都寫得很有韻致，不僅具有歷史性的價值，且有文藝性的趣味。

杜茉莉生於倫敦世家，祖父是名藝術家兼小說家，父親是有名的戲劇演員及舞台經理，曾受過完整的教育，十八歲時曾到巴黎住了一段時期，這對她的法文極有幫助，自那以後她閱讀了不少英文及法文書籍，並開始寫詩及小說。

一九三二年杜茉莉和弗來特烈・白朗特將軍結婚，居住於安靜的鄉間，拒絕外界一切的邀請與集會，她的嗜好是：散步、園藝、觀鳥、駕舟等，每天漫步在幽林中，慢慢地尋求她小說的靈感，她的構思時間很長，她讓每一個意念慢慢地自然發展成熟，然後以每天六小時的工作連續寫三個月，於是一部新的約十萬字的小說問世了，等待了將近兩年的讀者們又有一次欣賞她的新作品的機會了。

二三 威廉・莎士比亞（*William Shakespeare 1564-1616*）

從前面所介紹的二十幾位小說家，我們約略可窺見英國小說的演變與發展，今天，讓我們再回過頭來探索一下英國的戲劇。

要探索英國戲劇，似乎應從一五七六年，倫敦近郊建立固定的戲院開始，自那以後戲劇漸漸脫離教堂及流動劇團的掌握，而成為大眾化的娛樂，而專門從事戲劇創作的作家如約翰・李里 (John Lyly)，羅勃・格倫 (Robert Greene) 與克里斯多夫・馬龍 (Christopher Marlowe) 皆有其傑出的貢獻與成就，使戲劇成為當時（依莉莎白女王時代）最興盛的文學體裁。

莎士比亞如同天邊一顆巨星出現了，他的作品發出了無比的光芒，輝照著當時的戲劇界，輝照著整個英國的戲劇史，也輝照著全世界讀者的心胸，以致使在他前前後後的戲劇家的成就已成為微不足道，前人只不過給予他些微寫作上的遺產，而後人充其量只是模仿得還有點像，這種情形一直延續到二十世紀蕭伯納的出現。

莎士比亞於一五六四年生於英國斯屈萊福特村，父親是雜貨商人，母親是農家女，而他所受的教育也只限於在村上學堂裡學的一點拉丁文與希臘文，這使後人對他的作品產生了懷疑，因爲一個僅僅受過如此可憐的教育的人是不可能寫出如此偉大的作品來的。他於一五八六年赴倫敦，至一五九二年即以演員及劇作家聞名於倫敦，他最著名的劇本有三十五種，可分爲三類：喜劇、悲劇、歷史劇。除劇本外，他的十四行詩與抒情詩也極負盛名。

莎氏的作品，文字優美，充滿了智慧理想與想像力，雖然故事多採自舊有的傳說，或別人的老劇本老故事，可是一經他手，那些平淡無奇的故事都會具有活躍的生命，美麗的外衣，豐富的感情與深刻的思想，成爲百讀不厭的名著。刻劃人物也是他的拿手，透過他的想像力與筆，幾千個栩栩如生的典型人物被創造出來了，與我們生活在一起，出現於我們生活中，教給我們人生的意義。

莎氏最著名的喜劇有：仲夏之夢 (Middle Summer's Dream) 威尼斯商人 (The Merchant of Venice) 暴風雨 (The Tempest) 皆大歡喜 (As You Like It) 等，而羅密歐與朱麗葉、麥克伯次、哈姆雷特、凱撒大帝、李爾王等是其著名的悲劇，亨利第五是他的歷史劇中最傑出者。

二四　喬治・蕭伯納（*George Bernard Shaw 1856-1950*）

英國的戲劇自莎士比亞以後，雖也有不少文學工作者在這方面努力，可是成就總是平平，而文壇上盛開著的花朵是詩、是散文、是小說、戲劇的園地一直荒蕪著，這情形延續了兩百多年，一直到二十世紀初葉蕭伯納的作品在舞台上出現，戲劇的園地才又趨繁榮。

蕭伯納出生於愛爾蘭的都柏林，家境窮困，二十歲時到倫敦，在一家電話公司內任職員，一方面從事寫作，可是十年間靠寫作所得三十元而已，當時正是挪威劇作家易卜生影響全世界劇壇的年代，蕭伯納對易卜生的寫劇方法甚爲讚賞，悉力研究後寫成易卜生主義精華一書，甚受重視。到二十世紀初葉，他自己的劇作搬上舞台，博得偉大成功，在美國、英國及歐洲大陸都極受歡迎。

蕭伯納是一個社會改革家，所寫劇本多針對社會問題提出諷刺，他的筆調是幽默的，對話是犀利機智的，雖然在文章的組織上與人物的創造上稱不上傑出，他那種犀利機智的對話可說是無出其右者，他與易卜生同樣地認為「錯誤的往往是大多數認為是『是』的那方面」，故他總是站在少數的一邊，對大多數已經接受了的意見予以評擊、嘲弄。

他曾經寫了三十餘部劇本，其中最著名的要算：人與超人，約翰牛的另一島，斷腸宅，武器與人，賣花女等，由於他喜歡利用劇中人發表他的對事物的看法，故對話總是長篇大論而無動作，其中有很多極不易搬上舞台，不過仍然是對讀者極有吸引力的作品。

蕭伯納於一九二六年得到諾貝爾獎，逝世於一九五六年，享年七十四歲。

二五　詹姆士・巴雷（*Sir James Barrie 1860-1937*）

與蕭伯納同時且享有同樣盛名的英國劇作家是寫「潘彼得」的詹姆士・巴雷，他與蕭伯納同樣地喜歡批評社會，可是他極少用說教或辛辣的責罵，他所努力的方向是幻想、奇景與詩趣。幻想的故事中充滿了眞實的人物與人類的情感，他的諷刺只是在這些中稍微顯露一點而已。而這種由眞實與幻想，幽默與詩趣所揉合成的喜劇所帶給你的是一種無比的快樂，是一種對人類更進一步的了解。

比蕭伯納小四歲的巴雷出生於蘇格蘭，畢業於愛丁堡大學，與所有從事文學工作者同樣地經驗過記者與貧困的生活，先寫小說，作品有「小牧師」、「多情的湯姆」及續集「湯姆與格蕾爾」等，並不十分成功。

後受蕭伯納的影響，改寫戲劇，最初的嘗試即大受歡迎。而一九〇三年，「可敬的克萊登」（The Admirable Crichton）的上演震動了全世界，在這部劇內，他

二六　皮烏爾夫（*Beowulf*）——英國最古老的詩

介紹過英國的小說與戲劇之後，現在讓我們來談談英國的詩。在各國文學的發展史上，詩幾乎總是最早的文體，而最早的作品多爲收集人們口頭傳誦的歌謠而成。皮烏爾夫是一首長達三千言的敘事詩，原是條頓族的遺物，由撒克遜與盎格魯族口頭帶入英國，然後靠吟遊詩人的傳誦而流傳下來，至十世紀，才由基督徒記載下來，成爲英國最古老的韻文傳奇。皮烏爾夫是一個英雄萬能時代的英雄，他戰勝了一切人類的仇敵，建立了許多奇功與偉業，故事多爲神話，也有少量歷史傳說在內，故事並不完整，也無中心主題，不過所描寫的社會背景正代表著當時歐洲大陸的現況，所描述的精神也可象徵當時的文化主流，由於所使用的文字是早已死去的古英文，用的韻也與現代詩不同，這部英國最古老的詩只有在文學史上佔著這個永固的地位，供研究文學史者以資料，卻很難找到普通的讀者了。

二七 喬夫勒・喬賽 (Geoffrey Chaucer 1340-1400)

喬夫勒・喬賽是英國第一位大詩人，也是英國文學史上第一位享有盛名的文學工作者，他的坎特布里故事，至今仍然爲研究文學者所必讀，他所用的語言與音韻，對英國的語言與詩，都有著極深的影響，而他是第一個葬在西敏寺中的詩人。

他大約生於一三四〇年，是倫敦一位酒商的兒子，曾跟隨愛德華第三的兒子做侍從。後多次出使法、義等國，這給予他研究文學的大好機會；而回國後曾歷任各種不同職務，接觸過各等不同的人，這些經驗可以在他的作品中所表現的生動的人物描寫、寬闊的胸襟、對人深厚的同情與了解及對事物的正確判斷力中看出。

他的文學生涯，與當時所有宮廷詩人，同樣地是從法國文學入門的，第一部作品是翻譯法國名詩玫瑰傳奇 (Roman de La Rose)，這是部寓言詩，表面上是寫一個愛花者採花的故事，事實上卻象徵著男女間的愛情，這種以雙重意義的故事來教訓或諷刺的文體是中古時代最盛行的文體，喬賽的前期作品如：女公爵傳 (Book of the Duchess)，鳥類大會 (Parliament of Birds)，名譽之家 (The House of Fame) 及好女人列傳 (The Legend of Good Women) 等都是。

Troylus and Criseyde 是寫希臘神話中特洛伊戰爭的一段故事，是英國文學史上第一部描寫愛情的故事詩。他非常細膩地描敘 Troylus 對 Criseyde 的追求，Criseyde 的矜持，接納及背信，故事雖然是借來的，可是他那細膩的筆調，及對人物的刻劃使它成爲一部完全獨創的作品，而從這部作品，喬賽離開了寓言詩的範疇。

最後讓我們來談談他的傑作坎特布里故事 (The Canterbury Tales)，在序言中，他說明他參加一群朝聖者到英國宗教中心坎特布里去朝聖，途中，由於解除寂寞，有人提議每人講一個故事，講故事者有貴族、騎士、商人、修士、尼姑、農夫……幾乎包括各階層各等職業，而喬賽在序文中對他們皆有極爲生動的描繪，故可說是一幅中古時代的衆生圖，而單單這篇序文就可以使他不朽了。喬賽僅完成了二十四個故事。

二八　愛德莫得・斯賓塞 (*Edmund Spenser 1552-1599*)

自十六世紀以來，義大利的文藝復興，美洲大陸的發現，印刷術的發明，翻譯風氣的盛行，在在影響了英國的文壇，喬賽的影響漸漸失去重要性，而新興起的角色是莎士比亞、培根、與斯賓塞。在這裡我們要談的是詩人斯賓塞。

關於斯賓塞的生平我們所知甚少，只知他曾經跟隨政府官員在愛爾蘭住過十年之久，後因革命返國落寞而終，可是從他的作品中，我們可看得出他高超的人格與嚴肅的寫作態度，他是一個理想主義者，他所描繪的人物多爲透過他的理想的理想人物，而他寫作的興趣在討論當時各種道德的、宗教的哲學思想或國家利益等問題，他有著豐富的想像力，對一切美的事物，不管是聲音或色彩，精神或實體，都有著深厚的愛好；透過他敏銳的感受力，恰當地運用著他豐富的詞彙，他創造了不少稱得上世界上最美的詩，使後世多少的天才詩人都得拜他爲師。

他的處女作「牧羊人的月曆」是自喬賽以後第一部重要作品，是由十二首短歌合成的四季詩，每首短歌描述一個月的風景並討論各種不同的問題，在形式上也是各有異趣；出版後他即被譽爲喬賽以後最偉大的詩人。

「仙后」(The Faerie Queen) 是他的傑作，也是依莉莎白女王時代戲劇以外的代表作。是一部寓言體的傳奇長詩，按照計劃也有十二卷，每卷表彰一種德行，可是僅完成了六卷，它所含的道德教訓對今日的讀者也許顯得枯燥乏味，可是它的景色、音韻，與文字的美仍然是有吸引力的，而他所使用的韻節後世稱之爲斯賓塞韻節。

除上面所述兩部作品外，他還寫了不少美麗的抒情詩。

二九 約翰・密爾頓 (John Milton 1608-1674)

密爾頓是一位富有的，愛好音樂的律師的兒子，有著高超的德行：純潔、信實、正直而且獨立，忠於任何他認爲對的，對任何違反自由的都不能容忍。十六歲時入劍橋大學基督學院，成績優異，可是由於當時牧師要受種種限制，畢業後拒絕接受職位而回到父親鄉下的田莊上專心攻讀及寫作，雖然他不能確定自己究竟要從事哪一行，可是在他內心裡有種強烈的信念，確信自己是爲成就某種偉大的事業而來到這世界上，故自始他就努力研讀，爲那偉大的事業作準備，努力的結果，把目力損壞了，可是也使自己成爲一個最淵博最傑出的詩人。

他的作品可按照他的生平分爲三個時期，第一個時期是在英國內戰發生以前，他靜居鄉間，或周遊歐洲大陸，而他的作品多爲描寫鄉野生活的抒情詩，文字優美，描寫生動，在在顯示出他是一個愛好美而知識淵博的詩人。列西達斯 (Lycidas)

是爲傷悼他的亡友而寫，是文學史上有名的輓歌之一。

從內戰爆發至國王復辟是密爾頓的第二個時期，熱愛自由的他，不由得不捲入政治漩渦內，他扛起他的筆桿，進入革命的行列，爲自由而戰；擔任了克倫威爾的秘書，爲清教派辯論，寫了無數篇政治論文，及少量十四行詩。他的論文見解精闢，言詞辛辣；而在十四行詩中打破了以往只能寫愛情的循例。

他的過度工作終於使他在三十三歲時便瞎了眼睛，不過這也使他於國王復辟後免掉了受刑，他隱居於倫敦近郊，專心從事詩的著作，利用他口述女兒筆錄的方式，他不朽的傑作失樂園 (Paradise Lost) 問世了，接續而來的還有得樂園 (Paradise Regained) 與大力士參孫 (Samson Agonistes)。

「失樂園」是一部偉大的史詩，題材取自聖經中的創世紀，中心思想就是這個人類的墮落的故事所含的善惡之爭。密爾頓的詩歌的特色最重要的是立意高超，詩句完美，描寫生動，而這些特色統統在這部傑作裡表現無遺。人類的始祖被逐出樂園這故事本是神幻的，而密爾頓利用他神奇的想像力能夠把那些並不存在於現實的場景與人物描繪得逼眞生動，深深地印在歷代讀者的心中。

三〇 羅勃・伯斯(Robert Burns 1759-1796)

自密爾頓以後，英國的詩人被困於所謂新古典主義的傳統與規條之下，鮮有清新的天才橫溢的作品問世；這種情形一直延續到十八世紀後期，浪漫主義之風所及，詩人們開始脫去那付形式的枷鎖，放出了個人的想像與情感，歡呼著走向大自然，為詩開拓出一片寬廣自由的園地，種植上各種的花卉，形成了無比燦爛的景象。而羅勃・伯斯的歌謠是詩園裡第一批開放的花朵。

羅勃・伯斯出生於蘇格蘭農家，少時務農，備嘗蘇格蘭鄉村的貧苦滋味，在二十六歲時，甚至曾決定遠到西印度謀生去，是他的一本詩集所得的成功使他改變了主意。他曾經當過稅吏，經濟情況改善後，過著放蕩的生活，毫不顧惜地糟蹋著自己的名聲與身體，結果三十七歲時便與世長辭了。

伯斯雖然生長於蘇格蘭的貧瘠鄉下，可是他所描繪的鄉野生活並不是全然灰暗的，在他的寫景詩中充滿了了解、同情、眞實與美，透過他的詩，我們對十八世紀的蘇格蘭鄉野生活將有個極爲鮮明的印象。

他愛好音樂且也稍有研究，這使他對當地的民謠極爲熟悉，蘇格蘭民族擁有極爲豐富的歌謠遺產，可是由於世代口頭相傳，有的文字已經變質了，韻也不太合了，伯斯沿用它們原來的調子加以整理、補充或改寫，當然也參進去了他鮮明的想像力，快樂活潑的情調，及優美的韻律感，這使他成爲最有地方色彩的詩人，也是世界上最受愛戴的詩人，像「古老的日子」(Auld Lang Syne)，「我的愛人像一朶紅紅的紅玫瑰」及「高原上的瑪利」等，幾乎唱遍世界的每一個角落，雖然他所用的文字大都爲蘇格蘭的方言，也毫不受影響。

三一 威廉·渥茲華茲 (*William Wordsworth 1770-1850*)

在英詩史上，一七九八年是個極爲重要的年代，因爲在這一年有一本題名爲「抒情詩集」的詩集出版了，而它的序言無疑於詩的革命宣言，是浪漫主義對新古典主義的宣戰書；它的作者就是英國浪漫主義前期最偉大的詩人渥茲華茲與他的友人柯爾律治 (Coleridge)。

渥茲華茲生長於北英格蘭溫台美湖畔的山上，與居住在該地的柯爾律治、梭西 (Southey) 合稱爲湖畔詩人。曾入劍橋攻讀並遊歐洲，當時正值法國大革命爆發，由於家族的阻攔才沒捲入革命的漩渦，回國後定居於故鄉山野間，專心著作，於八十歲時得英國桂冠詩人的榮銜。

在「抒情詩集」的序言中，他提出了兩點詩應該努力的方向：第一、詩歌所用的文字應該是大衆日常的語言，當然應該充滿了情感與美，可是像當時所流行的所謂「雅言」實在剝奪了詩的生命。第二、他認爲只要能夠眞實而深刻地處理，能夠顯露人的本性，渲染上豐富的想像與情感，日常生活中任何事件都可以作爲寫詩的題材。這也正是他的風格，他的文字是樸實的，而取材也都是極爲平常的事物，可是他豐富的想像力給這些簡單的事物染上了豐富的色彩，加上了豐富的意義，而且強烈地傳給讀者。

在描繪自然上他是寫實的，可是在他眼中，自然不止是美的，而且是有生命，有感覺的；自然本身含有無窮的意義，從自然，他領悟出許多人生的道理；這些都可以在他的敘事詩與哲理長詩中看出。

三二 賽姆・泰勒・柯爾律治 (Samuel Taylor Coleridge 1772-1834)

柯爾律治是一個天才橫溢的大詩人與名評論家，可是作品並不多，而他的成就比起他的期許來說，實在是一種失望。他有許多奇想，對政治與文學懷有不少計劃，也曾經努力工作，可是計劃的不切實際與意志的不夠堅強，再加上抽鴉片煙的惡習，終於使他一事無成。他所有的好詩幾乎都是寫於一七九六至一七九七年間幾個月的時間。

柯爾律治的詩多爲描寫他的奇想，把現實生活的實質加於奇想中可說是他的詩的特質。老水手 (The Ancient Mariner) 是他唯一完整的長詩，故事是說一個水手截住了一個赴教堂結婚的新郎，對他講述自己的航海經歷，故事的時間是中古，地點是赤道與南極等海洋，離現實生活當然很遠，可是柯爾律治卻能把古與今、日常與怪誕如此巧妙地糅合在一起，使我們深切地感受到老水手所感受的恐懼、同情、讚美與悔恨等情感，而詩句與想像的美，更是無以倫比，在詩園中這是一朵誰也不像的奇葩。

「忽必烈王」(Kublai Khan) 是一篇未完成的作品，於抽過鴉片之後，睡夢中得來靈感，醒來急書，為訪客打斷，並沒有一個完整的故事，也沒有連續的思想，可是它所含的音韻美與奇幻的想像足以使愛好詩的讀者咀咒那位打斷他的文思的訪客。

在評論上，他第一個提出了欣賞與解釋的方法，他認為詩人是創造者，詩人把思想與美表之於形式，評論家的責任是把詩人的思想解釋給讀者以便易於領會，而不是評判。在政治上，他愛好自由，可是，他認為比起人類所受各種慾念的約禁來，政治的不自由並不算太嚴重的事。他與當時的詩人同樣地喜歡歌詠自然，可是他認為自然只能反映人們的情感而本身是無生命的。

三三 喬治・拜倫（*Lord George Gordon Byron 1788-1822*）

要想研究拜倫的詩，必須了解他的個性，而他的個性與他的身世又有著非常密切的關係。父親是個浪漫不羈的人，母親性情暴躁，情感熱烈，自拜倫出生後，父親遠離，留下拜倫由母親撫養成人，拜倫自小就是一個跛子，時常受到鄰人及同學的取笑，這使他養成一種暴烈、任性的個性，對自己看不慣的任何事物，毫不能容忍，什麼事情想做就做，毫不顧及衆人的評論，這些再加上他橫溢的天才，奔放的熱情，淵博的知識，及對自由的愛好，使他成爲英國浪漫時期詩壇上的大詩人，也是文學史上最動人的人物，在希臘卻是最受崇拜的英雄。

他十七歲時入劍橋，在校時出版了他的第一本詩集「閒吟集」，受到評論界的無情抨擊，這大大地傷害了他那驕傲的自尊心，寫了「英國的詩人及蘇格蘭評論家」，把當時的文壇大大地嘲罵了一頓，從這首詩，拜倫的才氣漸漸爲人所知。

拜倫喜好旅行，歐遊回來，出版詩集「赫洛爾遊記」(Child Harold) 前二卷，用浪漫的筆觸描述各地風光，出版後，五星期內重印七版，而「海盜」(The Corsair) 在一天之內行銷萬冊，這使他名聲大噪，成爲文學界與社會上的風雲人物。

由於私生活的不檢，引起了社會上保守人士的非難，於是他懷著滿腔的不平，離開了祖國而到瑞士去。這對他的著作的影響是好的，在這時期內，他完成了「赫洛爾遊記」的第三、四卷，他所有的詩劇及傑作唐・裘安 (Don Juan)。

歸納起來講，拜倫的詩可分爲五類：抒情、描寫、諷刺、敘述與詩劇。他的抒情詩缺少眞誠而嫌誇張，不過中間也不乏眞情流露，詞句優美使人難忘的作品；敘述詩的人物刻劃不夠生動，不過文筆的流暢與情節的動人曾經把同時代的司各脫逼得不得不放棄這種體裁而改寫散文小說；他的詩劇不是描述某種爭自由的事件，就是寫一個「拜倫型的人物」對人類、上帝、自然、命運或環境的鬥爭，缺少生動的人物；最適合於他的還該是諷刺詩與描寫詩，在「唐・裘安」中，他取笑了世界各地社會風俗及人類本性，充滿了誇張的對照，浪漫的熱情與辛辣的諷刺，而「赫洛爾遊記」中的景色使每個讀者永遠難忘。

一八二四年希臘獨立運動開始，他毅然前往參戰，可是並未到前線即因病去世，年僅三十四歲。

三四 潘斯・雪萊（*Percy Bysshe Shelley 1792-1822*）

雪萊是英國浪漫鼎盛時期詩壇上最負盛名的三大詩人之一（其餘一位是已經介紹的拜倫，一位是下面要介紹的濟慈）。出生於英國南部一個富有卻沒什麼名望的家庭，自小即有著獨立不羈，不隨習俗的性格，曾入牛津，對哲學極有興趣，出版了一本無神論的政治小册子，使他被趕出學校大門；在倫敦遇到一個十六歲的女孩子，海麗特，她的可憐身世激起他的同情而與她私奔結婚，那年他才十九歲。

正在成長時期的雪萊努力充實自己，終於尋得了詩作爲他表現自我的方法，而可憐的海麗特由於仍然停留在少女時的無知與幼稚中被遺棄了。雪萊從另一位少女身上找到了靈魂的了解，他帶她去瑞士，而且邀請海麗特前往同住，一年後，海麗特自殺，引起公憤，於是雪萊與拜倫同樣地不爲祖國人士所容，終生流爲他鄉異客，不過這段流浪的日子並不長，一八二二年夏天，在一次風浪航行中，慘遭沒頂，享年僅三十歲。

使雪萊在詩壇上享有盛名的是他那無比的抒情天賦與豐富的想像力。他以優美、精確而多變化的詩句輕訴出人類的快樂、悲傷、渴望與悔恨等情感，對事物的描寫並不只限於它們的外表，他所歌詠的是事物的精神，是他的精神在事物上反射出的回響，不管是風、雲、樹木、山河都與他的情緒有著極為密貼的和諧，而且充滿了一種超世的偉麗與豐富的情感。也許就是由於此吧，在當時，他遠沒有拜倫受歡迎，不過，對喜歡深思的讀者，雪萊是詩人中的詩人，像「雲雀」、「雲」、「西風歌」等都是膾炙人口的作品。

除去抒情詩之外，他還寫有幾個詩劇：「普羅米修斯的釋放」(Prometheus Unbound) 代表著他對人類靈魂的探索，意謂一個人如果能夠堅決地對抗暴力，是不會被擊敗的，自然與愛會來拯救他的。「信西」(Cenci) 是依據發生在義大利的一段恐怖事實而寫的詩劇，筆法也較現實，人物描繪生動，戲劇效果極好，而對話也很美很有力，是十九世紀最偉大的悲劇作品。

「亞都諾斯」是他為哀悼濟慈的死而寫的輓歌，為世界三大輓歌之一。

三五 約翰・濟慈 (*John Keats 1795-1821*)

與拜倫、雪萊合稱爲英國浪漫時期三大詩人的濟慈只活了短短的二十五歲，而這短短的二十五年中充滿了貧困、疾病與失意。父親是管馬房的，十五歲時父母相繼逝世，到一個外科醫生處當學徒，五年後在一家醫院裡當助手。是朋友借給他的斯賓塞的「仙后」爲他打開了詩國之門，引他進入詩國，自那以後，他毅然放棄了學已有成的職業，專心研究詩歌，博覽所有名家作品，而開始寫作。

他於一八一七、一八一八及一八二〇年相繼出了三本詩集，備受當時評論家的攻擊，這對身體虛弱的他當然是項打擊，不過他並沒有被擊倒，是致命的肺病結束了他那剛剛開始的生命，阻斷了他那剛剛發長而滿懷期許的詩的成長，他的死實在是英國詩壇的一大損失。

雖然如此，他的成就已經夠使他不朽的了，他的詩優美秀麗，充滿了想像，尤其是對自然的描繪，更是精細入微，爲寫景的極品。他的詩中很少哲理，對世俗事物更是不理會，他所歌頌的是美；而他所描繪的美不只是眼睛所見，耳朵所聽的美，感覺、品嘗、聞……都能體會出周遭事物的美，這對後世的詩的寫景有極大的影響。

他所有精采的作品，幾乎都收集在一九二〇年所出版的詩集中，像敘述詩「聖安尼忌日的前夕」、「伊薩伯拉」及抒情詩「夜鶯歌」、「古希臘瓶」、「給秋」等，不管在情感的充沛上，想像的纖細上，及言詞的優美上，都已達到其最高境界。

三六 奧夫瑞・丁尼生 (*Alfred Tennyson 1809-1892*)

十九世紀中葉與後葉的英國詩壇上，最具代表性的人物要算奧夫瑞・丁尼生了。他畢生獻身於詩，自出版第一本詩集至逝世有五十餘年不斷地創作，作品範圍極廣，凡是當時所有的重大思想、感情及事故幾乎都羅集於他的作品中，音節優美，詩體多變化，想像力豐富，而思想深刻，一八五〇年繼華爾華茲被封爲英國的桂冠詩人，他的死，不只是詩壇上一顆彗星的殞沒，而且意味著文學上一個時代的結束。

丁尼生生於林肯州(Lincolnshire)的蘇痲斯比村，父親是該村的牧師，丁尼生是他父親的八男四女中的第四個兒子。這是一個文藝氣氛很重的家庭，兄弟們都愛好詩作，他第一次出版作品就是與兩個哥哥合出的。他個人出版詩集是在一八三〇年，作品多爲抒情詩，別人的影響非常明顯，一八三二年續出第二集，獨創性已高，可是仍然未見容於評論界，這使他有九年不再有作品出版，在這九年中，他在各方面作了一番有系統的研究，並努力創作，至一八四二年的作品出版後，立即博得普遍的歡迎，盛名歷五十年而不衰。

他的作品可分爲抒情、敘事、哲理與詩劇四類。丁尼生的抒情詩極爲優美，題材包含極廣，形式也極富變化；最著名的敘事詩有亞德王的故事 (Idylls of The King) 英國田園牧歌 (English Idylls) 及公主們 (The Princess) 等；(In Memorian) 是爲哀悼一位朋友的死亡而寫，從哀悼而討論到死與永生，懷疑與信仰等問題，爲英詩中含哲理最深最廣的一首輓歌；他的詩劇並不如其他作品成功，可是像 (Danold, Beckel) 與 (Queen Mary) 都列爲莎士比亞以後的最好的歷史劇行列中。

三七 羅伯・勃朗寧 (*Robert Browning 1812-1889*)

與丁尼生同時英國還有一位終生致力於寫詩的詩人，他的詩在形式上遠沒有丁尼生的和諧、優美，在思想上也沒有丁尼生的清晰明朗，更沒有丁尼生的爲廣大讀者群所愛戴，可是在近世，卻愈來愈受重視，因爲他爲詩帶來了新的處理方法。這詩人就是羅伯・勃朗寧。

勃朗寧生於倫敦，父親是富有的銀行家，曾就讀於倫敦大學，自小就有著藝術的傾向，可是決不定該選擇哪一項作爲終身事業，這使他對美術、音樂都有著相當的了解，這對他的詩有極大的影響。

他與同時代女詩人依莉莎白・勃朗寧的戀愛與結婚是他生命中的大事，在他們相識時女詩人已經很有名氣，是她的一首詩使他有藉口前往拜訪，女詩人年長勃朗寧且身體虛弱，有一位怪僻的父親，可是他們畢竟還是由相識而相愛終而相偕私奔到義大利，過了一段爲世人所艷羡，譽爲「不朽的愛情」的美滿生活，而女詩人歌詠她的愛的十四行詩爲英詩中最上乘的情詩。

勃朗寧最初的作品是詩劇，他的興趣既然是在人們靈魂的探索，這種著重表現行爲動作的文體自然不適合，不過，有幾個劇本也幾乎達到成功的境界，而 Pippa Passes 結構謹嚴，詩句清新，Pippa 可稱爲英詩中最動人的女主角之一。

他最大的成就是獨白詩劇，所謂獨白詩，是詩中的話不是以詩人的口氣，而是假託詩中人物的口氣說出的，勃朗寧雖然不是第一個創造了這種詩體，可是由於他廣泛而成功的引用，而成爲詩的一種新形式，這可以說是勃朗寧的一大貢獻，也就是在這類詩中，他鮮明地，深刻地刻劃出各種不同的人物，不同的人性。在表達思想上，他的方法是建議的提示的而非申述的，故讀他的詩必須具有較高的想像力與領會力。

他晚年的作品更趨於思想的表達，爲研究勃朗寧的思想的重要資料。

美國

一 華盛頓・歐文（*Washington Irving 1783-1859*）

談到美國文學，首先必定想到「李伯大夢」與「睡谷故事」，這不是無因的：包括這兩篇傳奇故事的「見聞錄」是第一本聞名世界的美國文學作品，而這本書的作者就是第一位使美國文學登上世界文壇的純文學作家：華盛頓・歐文。

歐文是紐約的一個商人的第七個孩子，雖然學的是法律，卻自小就有著文學傾向；體弱多病，爲人和善可親，他早期的作品多爲諷刺當時紐約高等生活的，寫了一部充滿了幽默感及創造力的「紐約史」，文名漸揚。

一八七二年，歐文赴歐協助哥哥經商，結果哥哥商業慘敗，母親又去世；歐文繼續留歐，決定以寫作爲生。第一部作品就是「見聞錄」，其中包括十七個短篇，大部份是描寫英國風光，只有「李伯大夢」(Rip Van Winkle) 與「睡谷故事」(Sleepy Hollow) 是純美國情調的傳奇故事，而單單這兩個故事就足以使歐文不朽。

「李伯大夢」是敘述一個懶散的農夫的故事，他不喜愛工作，怕老婆，有一天到山中打獵，遇到一群穿古荷蘭裝的人們，他偷喝了他們的酒，結果在山上一睡就是二十年，醒來人事全非；情節動人，文筆細膩而富幽默感。

在「睡谷故事」中，歐文創造了一個身如竹竿長手長腳的可笑小學教師，他追求村中一位美女，卻爲美女的男友嚇跑；恐嚇的方法是先對他說在荒野中有個無頭騎士，然後自己裝扮成無頭騎士追他，他落荒而逃，不知下落。到如今，李伯與無頭騎士不但在美國，幾乎在全世界都成爲家傳戶曉的人物呢！

歐文酷愛旅行，小時因身體衰弱到歐洲旅行歷兩年，給予他學習法語的機會，而當作品獲得歡迎，經濟情形好轉之後，他又赴歐，曾居留德、法、西各地，在這期間完成的作品有「旅行者的故事」、「哥侖布傳」、及「阿蘭布拉」等。曾任職於美國駐英使館及駐西班牙公使，晚年回美國定居於赫特遜河畔，專心從事著作，最主要的作品是「華盛頓傳」及「古德斯密斯」兩本傳記。於一八五九年安靜地與世長辭，享年七十六歲，死後舉國致哀，葬於睡谷附近的墓地裡。

他並沒有高深的學問與豐富的情感，可是有一種以迷人的幽默筆調複述歷史事件的天才，他給予美國當時那塊只是習慣眞實的事物的泥土裡，撒下了幽默與想像的種子。

二 詹姆・芬尼姆・柯柏 (James Fenimore Cooper 1789-1851)

歐文雖說是第一位美國文學家，可是其作品還帶有濃厚的歐洲情調，眞正第一個完全美國化的偉大美國作家應該算柯柏。有人稱他爲美國的司各脫，因爲他著名的作品也是浪漫主義的歷史小說；只是司各脫所寫的多是英國中古逸事，而柯柏所寫卻是浩瀚的海洋與原屬於印第安人的林野。他證實了他祖國的景物、人物與歷史是如何地適於文學創作，而他創造的人物迄今仍然活在人們的心中。

柯柏的父親是個大地主，在紐約州有一萬七千英畝的田產，房子就座落在 Otsego 湖畔，周圍環繞著綿延的原始森林；柯柏自小生活在這種環境中，自然對森林生活有著深切的了解與體會。十三歲入耶魯大學，可是在三年級時因故被開除，這給予他實現過海上生活的宿願的機會，從水手至海軍，他在海上過了五年的時光，使他對海上的生活又有了深切的了解與體驗，這兩種生活都成爲他以後寫作的主要資本。

自海軍退役下來，他結了婚，而父親的去世使他定居於父親的森林別墅中，過著安靜的鄉紳生活，整日以閱讀自娛。有一天，在他三十一歲的一天，他忽然放下手中的一本英國小說，宣稱說：「我能夠寫一本比這個強多了的書」！結果是「先見之明」(Precautions) 的問世，反應還不錯。這本書是循著當時一般人的作風，完全以英國生活爲背景的；柯柏對英國生活了解得極少，而能有此成就，實在是種鼓勵。他開始寫那他有深切了解的美國生活，剛好司各脫的「劫後英雄傳」風靡了全球，這使他決定寫一本美國歷史小說。一八二一年出版了他的成名作：「間諜」，寫的是美國獨立戰爭時期的故事，有錯綜的愛情與戰爭故事，是美國第一部成功的以美國爲背景的傳奇小說。

「間諜」的成功使他決定以小說向世界宣稱：美國有的是寫作材料。他轉向他所熟悉的原野生活，連續出版了「皮襪叢書」，一共五本，內容是早期美州殖民拓展疆域的歷史，他創造了不少不朽的人物，其中要以奈地·本波 (Natty Bumppo) 最爲著名了，他勇敢、信實、心地單純卻又足智多謀，由於總是穿著鹿皮裹腿，故得名皮襪。

柯柏的作品深爲大衆所愛好，可是他的人緣並不好，主要的還是由於他後來捲入政治活動中，與新聞界展開激烈的爭論；他對任何不附合他的標準的人都會毫不留情地予以抨擊，尤其是對時政，更是批評得一無是處。他所嚮往的是美洲過去的拓荒時代，對近代化的一切政治措施、物質文明皆看不順眼，晚年浪費了許多筆墨在這種爭論裡。

三　拉芙・華都・愛默生

(Ralph Waldo Emerson 1803-1882)

愛默生是美國詩人、散文家、哲人。其文章風格凝鍊、深刻、優美，而其人生哲學代表著美國的正統思想，是美國的重要哲人。

愛默生生於波士頓一個教士的家庭裡，父親早死，他是六個孩子中的老二，母親在困苦中供給子女們完成教育。他自小在文學方面就有優異的表現，而入哈佛大學後，閱讀柏拉圖、孟達尼、莎士比亞等人的作品有極大的興趣與心得，畢業後，爲助弟妹們求學，擔任過一段時間的教師，也當過牧師；他一向有演講的口才，講道非常成功，可是後來思想的改變使他決定放棄牧師工作，專以演講，著作爲生。

他在靠近波士頓的康考特定居下來，就在這小鎮上，他發出了他那具有爆炸性的，響遍了全球的思想。

下面是他的思想裡對我們人生有極大價値的一部份：生命是一種狂喜：「活著本身就是一種極大的喜悅」，是愛默生最具有震憾性的發現。他認爲任何活著的東西皆爲宇宙間那「神聖的意識」的一部份，我們之所以不能感受此種狂喜是由於懶惰或習慣，他常說：「我擁抱生命，那絕對的生命。」這裡他所指的絕對的生命，包括甘美的一面，也包括辛酸的一面；包括那些顯而易見的事物，也包括所有不易了解的事物。許多人不會享受生命，常常以關切與焦急蹧蹋掉許多美好的時光，其實只要能記取「每秒鐘都是神賜給我們的珍貴禮品」，生命將不至如事實上這樣充滿了困惱。

每個人都有其優點：「去發現它！」愛默生如此向他的聽衆吶喊。自信是一面，而對別人的正直與智慧的信賴是另一面。

蔑視物質：物質高坐在馬鞍上駕御著人類，「何以你僅僅爲了一畝田，一幢小房子，一個穀倉，所能給你的舒適生活就拋棄了在眞理的荒野上漫遊的機會？不必愁，設法使你自己對世界有用，然後人類自然會報酬你，給你足夠生活的麵包。人類的生命都是相等的，財富與貧窮只不過是加在這些本來相等的生命上的厚薄不同的衣服而已！蔑視這些衣服！」他說。

四 亨利·大衛·梭羅 (*Henry David Thoreau 1817-1862*)

梭羅出生於康考特 (Concord)，父親是一個生意不佳的店主；後以造鉛筆爲業。他和愛默生爲摯友，同時也出身於哈佛大學；並在康考特附近度過了餘年。

公元一八四五年七月到一八四七年九月，他在康考特附近的華爾騰 (Walten) 湖濱，度了兩年餘出世生活，那兩年，使他完成了美國文學史上一部最有名的著作；他學著魯濱遜一樣，自力更生的種菜過活，終日讀書和寫日記，每年的花費，祇八元美金。

梭羅以他親身的經驗所寫成的那部使他成名的著作「湖濱散記」(Life in the Woods)，給人一種如下的印象：在簡單，人口稀少，以及非常經濟的情形下，人同樣可以生活得很豐富。這固然可視爲一種理論的實驗，雖然這樣作結論不無問題；因爲梭羅自己也畢竟是得到過親友幫助的。

愛孤獨、愛沉思，以及愛大自然的梭羅，和愛默生一樣，是個先驗主義（Transcendentalism）者，主張個人自由。他寫有「消極抵抗」(Civil Disobedience) 一書，闡述他的思想，認為政府應該無為而治，不可干涉人民的自由；而當政府施用強力，強迫公民做違反他良心的事情的時候，公民應有消極抵抗的權利。他並且辯說道德的法律，超越人為的法律。這種論調可能太極端了些，雖然是他從親身體驗得來的（關於此種思想的形成，可在「湖濱散記」中尋到蛛絲馬跡）。

梭羅的著作，多屬自傳性作品，作風曲折、幽默，詞句艷麗，組織周密。「湖濱散記」中對於大自然的描寫，直接而原始，絕不賣弄有關的專門知識。

梭羅嘗寄居愛默生之家，但卻以勞力換取他的食宿；還曾擔任過愛默生姪子們的教導。他並曾與霍桑、阿爾柯特等一般紐約的作家與編輯結交，間或寫些評論文字。

這位被亨利・坎貝(H. S. Canby) 稱為美國立國一世紀中的十大作品作者之一的梭羅，僅得中壽，一生未娶。

五　納山尼爾・霍桑 (*Nathaniel Hawthone 1804-1864*)

以風格優美質樸，解剖人類心靈技巧高妙著稱的霍桑，原是新英格蘭清教徒舊世家的後裔。他的故鄉在波士頓北面的塞冷 (Salem) 港；父親是船主，不幸在他年幼時便告逝世。霍桑自己雖不是清教徒，卻深受清教思想的影響，注意於良知問題。他所寫的小說，便含蓄著極自然的道德意味，而且也帶有戲劇化的寓言性。

霍桑和愛默生、梭羅等爲同一時期的作家，且在康考特曾比鄰而居。他十七歲入波多大學 (Bowdoin College)，與朗費羅同級受課。幼時即喜愛閱讀莎士比亞等名家作品；波多大學畢業後就耽於寫作，不久即完成他的第一部作品「古史鈎奇錄」(Twice Told Tales)，是爲他寫作生涯的開始。具有憂鬱性格的霍桑，藉著豐富的想像力，他常以纖細而又簡潔的作風，把他的作品融貫入一個哲學的主題之中：一個人如陷於罪惡感而不能自拔，經日久天長的自我磨折，無論其爲悔恨，爲驕傲，或爲自私的打算，都必將把他的心靈打入沉淪的地獄而不得解脫。從他那部最有名的代表作「紅字」(The Scarlet Letter) 中，可以很清楚的看出來這種特質。在這部涉及倫理觀念的小說中，霍桑站在人道主義者的立場，批判了陳舊的偏見；他不僅寫出兩個男主角爲不能自已的痛苦所毀——一個熬受著良心的譴責，一個爲復仇的火燄所焚——並給了女主角以勇於贖罪的新生。在這部著作中，霍桑把宗教無形的力量以及男女主角的心理變化，都寫得極爲成功。

近代的批評家們，曾把福樓拜的「包法利夫人」和「紅字」並列，認爲同是卓絕的寫實作品，然而前者是一幅墮落的絕望的圖畫，後者卻描繪出了罪惡之果亦能蒙受到天上的聖潔之光輝。這一個更高的道德標準，深深地影響及於近世的心理小說。

霍桑由於早期（其時他已成婚）賣文不能維生，曾任塞冷港的港務監督，一八五三年並由他當選了總統的大學同學裴爾斯 (Franklin Pierce) 任爲駐利物浦領事。其後他並應邀與裴爾斯旅行白山 (White Mountains)，那時他已精神與健康兩皆衰頹，晚宿於勃萊姆斯的旅寓，次晨竟溘然長逝了。

六　哈麗葉・比卻・斯多威
(*Harriet "Elizabeth" Beecher Stowe 1811-1896*)

斯多威可說是一位平凡的作家；但卻在平凡中顯出了偉大。在她那部馳名於世界的「黑奴籲天錄」(Uncle Tom's Cabin) 中，她以極其熱情的筆觸，描寫著悲慘的故事情節，把她仁慈博愛的胸懷表露無遺；任何讀過這部書的人，都不得不由衷承認她在這部書中注入了多麼深厚的感情。

起初，斯多威對於殘酷的蓄奴制度持激烈的反對態度。她想不通爲甚麼造物主既然賜予人類全體以一切的享受，卻僅是爲了膚色的不同而有所差異。直到後來經過一段時期的深思與探討，她才認爲這種違背人類道義的行爲，乃是由於政治、經濟以及道德三方面超自然法則常軌而構成的惡果。終於她成爲一個溫和的廢奴派，希望能藉由相互的了解而謀求改進。

然而，由於她是懷著一顆如此熱烈的愛心去寫作的，由於她曾目睹過那些黑奴們從農場逃奔出來，橫越俄亥俄江去懇求當地教區庇護的那種驚險情景，以致當這部作品完成之後，竟成爲此後所有反對蓄奴制度的文學著作中，一部首屈一指最富感染力的小說佳構。甚至林肯總統也說她這部書是南北戰爭的導火線，稱她是「引起此次大戰的小貴婦」。

斯多威生於康涅狄克州的里齊菲爾鎮；她的父親黎曼・比卻 (Lyman Beecher)，很有名氣，一八三二年她家搬到辛辛那提時，他曾掌接萊恩神學院。她則一直伴隨在父親身邊，受著靈性的薰陶。斯多威有兄弟姊妹八人，個個精於文事，在文學或宗教方面，都分別享有殊榮。她在一八三六年與斯多威教授 (Professor Calvin E. Stowe) 結婚；她的寫作，便是由斯多威教授鼓勵而全力發展的。後來她（們）遷居並終老於佛羅里達州。逝世後入美國名人院。

「黑奴籲天錄」出版後銷數很大；迄今已被譯成近四十國文字，風行全球。斯多威小說以情緒勝；除「黑」著外，尚有「德萊德」(Dred, A Tale of the Great Dismal Swamp)、「牧師求婚記」(The Minister's Wooing) 等。

七　亨利·W·朗費羅
(*Henry Wadsworth Longfellow 1807-1882*)

朗費羅是美國一位鼓吹奮鬥努力和樂天知命精神的詩人；生於緬因州的波特蘭（Portland），一八二六至一八二九年旅行於法國、西班牙、義大利及德國研究語言，返國後任母校近代語文學教授。一八三五年再往歐洲，歸國後則就任爲哈佛大學法文及西班牙文教授；至一八四五年始辭去教職，全心全力從事於文學。他曾兩次結婚，不幸兩位妻子都在悲慘的環境中去世——這對他的寫作可能發生了影響。

作爲一個詩人，朗費羅以他高雅、綺麗的同情心，通過平易和諧，穩健流利的筆觸，對那些沉淪於悲傷嘆息的苦海中的人們，產生了無比巨大的安慰與激勵的力量。他的詩，雖不以氣勢磅礴，格調幽遠高大爲旨，卻像似潺潺的溪水，或是月白風清之夜的低吟淺唱，表現了節奏流暢，輕靈巧妙的勝景。

雖然如此，卻仍有人說他寫的詩未免教訓意味太濃了些，如「鄉村鐵匠」(The Village Blacksmith)，「生命的讚歌」(The Psalm of life) 等；實際這或許就是詩人宅心仁厚，由於自身的感傷，只顧筆下委婉發洩，而未想到那麼多罷了。

其實，朗費羅最大的成功還是在長篇敘事詩，如「伊凡吉琳」(Evangeline)、「邁爾斯・斯丹迪斯之求婚」(The Courtship of Miles Standith) 等，不獨表現手法優美，而情節尤爲迷人；前者爲一個美麗的戀愛悲劇故事詩，美國人能默背的大有人在；後者極富幽默成分，出版後當天在波士頓和倫敦兩地即賣去一萬五千册，受人歡迎，可想而知。

朗費羅之嫻熟的敘事技巧，精緻的描寫藝術，堪與被稱爲英國詩歌之父的喬賽 (Geoffrey Chauser, 1340-1400) 相媲美。將平凡、痛苦的人生，寫成美麗的、豐富的人生，或許這就是朗費羅的詩之所以能夠普遍流行爲人愛讀的主要原因吧。

八　赫爾曼・梅爾維爾（*Herman Melville 1819-1891*）

赫爾曼・梅爾維爾生於紐約市，是名門之後，具有荷蘭人與英吉利人血統；但父親死後，便因家貧而依靠叔叔度日了。至十五歲離開學校，到一家銀行做工；也曾當過鄉村教師。

一八三七年，梅爾維爾到船上當侍役，乃隨船自紐約橫渡大西洋至利物浦。一八四一年，他又以水手身分，跟隨捕鯨船「阿卡奈號」從貝德福特出海。一年半之後，由於船主對他虐待，竟在馬貴斯群島的諾古希瓦島離船上岸，而被土著野人拘留了四個月；幸而被他逃了出來，爲一條澳洲的捕鯨船救走。後來他在火奴魯魯的軍艦「美國號」上服役，至一八四四年始返回紐約。

在捕鯨船「阿卡奈號」上，他從水手們聽到了關於摩比・狄克的故事，如何兇殘的摩比・狄克呑噬捕鯨船像嚼食餅乾一樣的容易；如何摩比・狄克狡黠無比，能逃過所有可能對牠的殺害；這摩比・狄克，就是海裡一條出沒無常，體軀龐大的白色巨鯨。也就由牠構成了梅爾維爾的偉大作品「白鯨記」(Moby Dick)。在此之前，他已經寫過兩部有關於海的書，一部名叫「白夾克」(White Jacket)，是描述海軍生活的小說，另一部名叫「畢勒・巴德」(Billy Budd)，寫一個漂亮的水手之死，不過後者在他生前未能出版。

一八五一年「白鯨記」出版，當時，並沒有引起人們的注意，直到梅爾維爾死後，人們才由於認識到它不僅僅是一部海上捕鯨故事而已，內部還深藏著哲學的寓言；這才使它逐漸受到重視，終至成為世界文壇的不朽鉅著。（曾拍攝電影）

梅爾維爾在海上生活七年，不僅對於海的各種變化描寫細膩入微，連生活在海上的各色水手的性格，也刻劃得十分眞實生動。在「白鯨記」，他更藉著這海上的故事暗示那個時代的特質；以及表現了一種人對惡魔的堅強不屈的鬥爭精神。這和後來的「老人與海」似有異曲同工之妙，不同處是「白鯨記」裡的男主角最後與惡魔偕亡了。

也許梅爾維爾寫「白鯨記」用盡了才力，這部書之後他便再沒有佳作（雖然，這部書足以奠定他在世人心目中的偉大文學家地位。）一八九一年默默的死於他的誕生地——紐約。

九　瓦爾特・惠特曼（*Walt Whitman 1819-1892*）

惠特曼出生於長島 (Long Island)，在布魯克林 (Brooklyn) 求學，至十七歲便離開學校。他在一八四八年出任布市的老鷹日報 (Eagle) 編輯之前，曾學習印刷，當過小學教員，並曾主編一個鄉下的週刊。他有堅強的獨立意志，且有先知先覺般的政治思想，不幸竟因此失去了他的編輯職務。於是他開始一連串的流浪生活，嘗試各種工作如排字工人、建築師及木匠等，他著名的草葉集 (Leaves of Grass) 便是在這期間完成的。

草葉集在一八五五年出版時，僅收集了十二首詩，次年二版增加爲三十二首，嗣後屢加擴充或修正，至一九〇二年惠特曼全集出版，始成爲現在所流行的定本。

惠特曼之被稱爲大衆的詩人，即在他具有強烈的民主思想，認爲普通人極爲重要。他自信個人是全人類的一部份，全人類是他的一部份，因而他歌唱萬物萬象。

「草葉集」所歌頌的主要對象便是人，他認爲人包羅萬物，而萬物則有同樣的價值。

他的作品能化腐朽爲神奇，相信，並且表示了任何一片樹葉或眞實的汗珠都可以譜成詩篇；他解放了詩的嚴謹的格律以及前此所受的思想的限制。這種作風曾使當時的許多人吃驚，但卻也能獲得另一部份人的賞識，如愛默生便是。

惠特曼曾於南北戰爭時加入醫院擔任救護工作，並贏得「善良的白髮詩人」的稱號，而健康也於斯時遭到損壞。戰爭過後，他留在華盛頓內政部任職；一八六五年被上級發現了他就是「草葉集」的作者，竟再次罹致無妄之災被免去職務。

一八七三年他染患嚴重的麻痺症；後來在他母親死後，他便遷到新澤西州的堪登(Camiden)去住，獨自在那兒治產、養老；終生未娶。

十 馬克・吐溫 (*Mark Twain 1835-1910*)

馬克・吐溫做了他以前美國作家從沒做過的事：把民間藝術的形式帶入文學裡。他所用的語言是鄉土語言，雖然經過修飾還是土話的面目，言詞像大自然那樣豐富而毫無修剪；他的作品中充滿了生之喜悅、冒險、進取、輕快與幽默。他的文筆是詼諧的，而對殘忍、愚昧、壓迫、迷信與虛僞的憎恨加強了他嘲諷的矛頭，給予他的作品莊嚴和深刻的含意。

馬克・吐溫原名克萊門斯 (S. F. Clemens)，生於密蘇里的佛羅里達，少時只受過片段的教育，曾做過礦工、排字工，還在密西西比河上做過水手，他的教育完全是從生活中得來的。一八六七年「天才的跳蛙」的出版奠定了他以後文學生涯的基礎；他給各日報投稿，任過新聞記者，到處演講，不久，他的作品征服了太平洋岸，橫掃至大西洋岸，終而將他所引起的笑聲傳到了歐洲。

他的作品中最重要的一部份是他經歷過或幻想的冒險行徑的回憶，「頑童流浪記」與「湯姆沙耶」是其代表作。

「頑童流浪記」的主角是正處在青春期的頑童赫克・芬，他是個說謊者，是個有堅強性格、不畏難、不避責任的流浪漢，他與黑奴吉美一起乘木排沿密西西比河南奔。書中的人物是生動的，自然景物的描寫是活躍的，而故事是天眞，滑稽而有趣的。

湯姆・沙耶是個歡喜說謊、惡作劇、冒險心特別強、而心地善良、有正義感、敢作敢爲的頑童，作者以恐怖神秘的手法來講述他的冒險行徑，使故事具有極大的吸引力，而那詼諧的、玩世不恭的口吻使我們忍不住發出笑聲，而那些孩子們的天眞愉快、夢的追求又引起成年人們的追懷與憧憬。

十一 亨利・詹姆士(*Henry James 1843-1916*)

亨利・詹姆士生於一個優裕的家庭裡，父親是有名的神學家，也是哲學家，哥哥是美國實驗主義的創始者；他自小身體羸弱，沒有參加南北戰爭，這使他覺得自己只可以做社會生活的旁觀者：他沒有選擇任何職業，沒有結婚，畢生專注在寫作上，著作除二十餘部長篇小說外，尚有若干中篇、短篇、遊記、傳記、文藝評論及劇本。

他自少被送到歐洲去接受教育，這使他成爲世界公民，時常出現於倫敦、巴黎及義大利各大都市。晚年在英國定居下來。

詹姆士是現代心理小說的創始者，也於一九〇八年刊印他的小說集紐約版時，曾爲每部小說寫了序言，闡明他的小說理論與創作過程，是小說理論經典之作。他的小說，把情節放在極次要的地位，盡量減少外形和動作的描寫，而集中於心理的研究。他特別注重小說的結構，如建築師般刻劃工地，設計小說的構造；他的一貫方法是利用一個旁觀者來敘述，以達成「統一觀點」的目的。自他起，英美小說才有其理論。

單從小說技巧發展過程來說，詹姆士的長篇小說有四部是劃時代的。「某夫人畫像」還未脫維多利亞時代小說的作風，完全以人物爲中心，是敘述一個北美的千金小姐在英倫及歐洲的遭遇。「大使」是一部結構完美的作品，它的人物、情節都是通過心理來寫成的。「金碗」是心理象徵小說的極峰。「鴿翼」已經避免敘述，完全用人物互相照映了。

十二　威廉・何威爾斯（*William Dean Howells 1837-1920*）

詹姆士的影響，在美國沒有在歐洲大，而在十九世紀末期支配美國文壇的乃是何威爾斯。何威爾斯自己不是一個了不起的作家，但是他提倡了寫實主義，使美國文學趕上了時代。

何威爾斯生於中西部，沒有受過多少學校教育，父親是開印刷店的，他自小在店裡幫忙，後來在報館任職，薄有文名。一八六〇年林肯競選總統，他寫了一次宣傳用的林肯傳；林肯就職後派他至義大利威尼斯任領事，在威尼斯四年，他苦心研讀，學問大進，回國後不到一年，即被聘為大西洋月刊的副編輯，五年後升為總編輯，在十五年期間，他提拔了不少青年作家，造成了他在文壇上的領導地位。後又任哈潑雜誌的編輯委員，寫了二十年的編者言專欄，一字褒貶，可決定作者的命運，成為當時最有權威的批評家。美國藝文學院成立，何威爾斯當選為第一任主席，可見其地位。

何威爾斯的寫實主義源流於英國奧斯汀，可說是繼承了英國傳統，他的寫實小說缺乏深度，止於浮面的觀察；不過，老老實實地描寫美國生活，而摻入了社會批評的成分，對社會不合理的現象，予以批評，正式確立了寫實主義。他最著名的小說「賴弗的發跡」(The Rise of Silas Lapham) 是美國第一部寫實小說名著。書中主角賴弗原是個農夫，由於製造油漆發了大財，把家搬到波士頓；他想進入波士頓的貴族社會，可是受不了那種勢利和僞善；不久，由於不願欺騙而破產，不得不重回鄉下。他雖然失敗了，可是在道義上卻打了一次勝仗。

十三　路薏絲・梅・阿爾柯特

(*Louisa May Alcott 1832-1888*)

阿爾柯特於一八三二年出生於美國賓州的日爾曼鎮，父親是熱心教育的教師，畢生致力於教育事業，可是不善治產，家境清苦。阿爾柯特的教育大部份是在家中自修來的，自小就愛好寫作，及長，常於工作之餘練習寫作，在當地各報紙上發表，後來漸漸出現於大西洋月刊。

在「小婦人」之前，她也曾出版過幾本書，可是都不甚成功；「小婦人」是應出版商徵求「女孩子讀的書」而寫的，書中的人物及情節大多取材自她自己的實際生活，再經過她個人的道德觀念和深摯諄厚的同情心加以焙煉，寫出少年男女的思想和煩惱，以及生活的情趣，母愛的偉大，和家庭的天倫之樂，這書的出版使阿爾柯特名聲大噪，被譯成數國文字。至目前，仍然擁有相當大的讀者群。繼「小婦人」之後，作者又推出「好妻子」、「小男兒」等富有人情味的作品，都同樣地受著讀者的歡迎。

推究起來，阿爾柯特的作品所以獲得盛譽，並不是憑結構或風格的優美，而是由於她的作品中人物刻劃逼眞，故事富有樂觀健康的教育意義；不過，她把崇高的理想與教訓和客觀的現實糅合得十分熨貼自然，毫無說教的意味，讀來親切感人，且具有潛移默化之效。

十四　愛茉莉・狄更遜（*Emily Dickinson 1830-1886*）

在十九世紀末葉，美國文學的特色是找尋地方色彩，從加州的白特・哈德以淘金熱爲題材開始，全國作家都利用每州與每鄉的材料來作寫作題材。可是愛茉莉・狄更遜卻遠離了這項運動，也遠離了喧嚷的世界，她住在她父親在麻省一個小鎮上的屋子與園地裡，很少離開，要她穿過籬笆到隔壁兄弟家裡已經算是冒險了，就這樣，她在自己裡面，找到了自己內心的圈子，隨時記下自己的感受與思想，結果留下了幾百首醉人的小詩，爲美國的文學增加了一道奇異的光彩。

狄更遜寫詩如同在和自己講話，好像在閃光中捕捉幻象，打開她的作品，如同進入另一個世界，起初像是充滿了抽象名詞，在奇怪的舞蹈中行走，可是，慢慢地，我們會覺出這些名詞都是經驗的記號，是她個人世界裡的人物，在那裡一切東西都是活的，一切思想也是活的，一切事物都極自然地混在一起，不停地活動著。

石頭會呼吸，星兒們鬧著玩……而它們所代表的是人生，是大自然、是愛情、是時間與永生！每一件事都有極其重要的意義，每個故事都發著圈圈的光，全世界都以這裡爲中心。

事實上她已經完成了任何詩人最希望完成的：以最有力也是最快樂的字句來告訴人們她所知道的人生，她對人生的希望，以及她對人生的畏懼。她生前雖然少爲人所知，待死後，她的純詩人的名聲卻超過了所有和她同時代的詩人。

十五　斯提芬・柯侖（*Stephen Crane 1871-1900*）

柯侖的命運與愛倫・坡的很相像：貧困、不幸，只有在熱情激動或酒醉時才能創作，而且只有二十八歲就死了。不過，他的早死對他，對文壇都不能說是一項大損失，因爲在這以前，他已用盡了他的天才，完成了足以使他名列大作家之林的作品。

「美琪」(Maggie：A Girl of the Streets) 是他的第一部作品，自費出版時，他才二十一歲，是一部以紐約貧民區生活爲背景的寫實主義作品，雖然，他的寫實是繪畫式的印象派作風，卻開啓了德萊賽等人的社會寫實小說的先河，對後世影響不小。

「紅徽章」(The Red Bandage of Courage) 比「美琪」後一年出版，是以南北戰爭爲背景的戰爭小說，寫的是一個士兵在戰場上的感受，側重在心理描寫，而文筆以善用譬喻為特色，是一部象徵主義的寫實作品。出版後大受歡迎，暢銷數字壓倒左拉，托爾斯泰甚至吉卜齡等人的作品。

「海上小舟」是寫他個人海上遇難逃生的親身經驗，可是並不止於此，整個事件都有其含義，而現實中的細節都成為代表其意義的象徵，他所用的筆法是印象主義的寫實派與象徵主義的寫實派的巧妙混合，而文章的結構是無瑕可擊的。

除上述三部作品外，著名的作品尚有：「喬治之母」「藍旅社」及詩集「黑騎士」等。

柯侖的寫作主張是：如果你要想寫得逼眞，先要對所寫的事物有足夠的認識。於是，他為了體驗大風雪，整夜地站在室外，為了體驗戰爭，去作戰地記者，可是他最成功的戰爭小說卻是想像的產品，參加戰爭的經驗只使他發現：事實與我所想像的一般無二。

十六　斯都・德萊賽（*Theodore Dreiser 1871-1945*）

德萊賽是美國最徹底的自然主義作家。他是德籍移民之後，生於中西部的印第安那州，父親是虔誠的天主教徒，家境貧困，姊妹衆多，在困苦中長大，學校教育受得很少，年紀很輕就到芝加哥去謀生，曾在芝加哥、聖路易、紐約等大都市報館內做事，後得朋友們的鼓勵才開始正式其寫作生涯，第一部作品就是「嘉麗妹妹」。

「嘉麗妹妹」是寫小城姑娘嘉麗到芝加哥謀生的際遇，她先和在火車上邂逅的旅行售貨員同居，後又與已婚的酒店經理海士華私奔。海士華是竊用公款與她私奔的，到了紐約，一籌莫展，無以爲生，嘉麗卻由於去演舞台劇漸漸成名，終而離海士華而去；結果海士華日益墮落，流爲乞丐，終於自殺，有些批評家認爲這是德萊賽最好的作品，因爲書中刻劃嘉麗歷盡滄桑，日趨堅強的性格，很成功，而描寫芝加哥與紐約的工商業社會，深入而結實。不過，這種題材在當時還被認爲是不能登大雅之堂的，出版公司的老闆娘讀了大不以爲然，故一擱就擱了十二年。

他的第二部作品是「珍妮」(Jennie Gerhardt)。珍妮也是小家碧玉，她先爲政客所誘，生了私生子，後又做了富家子的情婦，可是由於男方家庭的反對，不能結婚，結果空守一生。並不如「嘉麗妹妹」好，可是德萊賽卻由之成名，至此，「嘉麗妹妹」才得以與讀者見面。

此後，德萊賽又寫了「金融家」、「巨人」、「禁慾者」、「天才夢」及「美國悲劇」等作品，都是以揭發美國工商業社會弊端爲題材，刻劃人性的弱點深刻入微，故事多爲悲劇結局，讀來不由得也感受到書中人物的絕望與無可奈何。他的作品有些已拍成電影，像「美國悲劇」，片名易爲「郎心如鐵」，那個急欲成功的青年，爲了抓住機會，起意謀殺那懷著他的孩子的女工，結果女工是死了，可是出於意外，他由於心虛潛逃，終而不能逃其咎，被捕入獄，被判死刑。當你看到他伏在老遠跑來看他的老母懷裡，說：「我對不起您」時，你不是想落淚，而是感到社會的殘酷，於是你懷著一顆沉重的心走出戲院。

德萊賽的文筆很粗陋，而且冗長堆砌，對題材也缺少選擇與組織，可是他猶如一個巨無霸的雕刻家，斧鑿之工雖粗，雕出的石像卻是氣魄浩大，震撼人心，無法否認其偉大。

十七　辛克萊・路易斯（*Sinclair Lewis 1885-1950*）

路易斯是美國第一個以描寫美國生活而得諾貝爾獎的作家，他和德萊賽一樣，以批判整個的美國生活爲己任，外國人之能夠了解美國的小城生活，該歸功於他。

他的作品是寫實的，有的批評家說他是個「照像型」的寫實大家，因爲他的寫作材料都是觀察記錄得來的，而寫時對生活細節，人物的對白、環境及人物的刻劃都是極其詳盡。

雖然路易斯的作品每本在出版時都會引起一次社會上的波動，一場新舊派的辯爭，這是由於他所提出的都是當時社會上存在的一些問題，像「大街」，是說一個女性對小城的沉悶生活感到不滿而反抗起來；「巴比德」是寫一個中產階級的小商人的淺薄與自鳴不凡；「亞羅士密」是一個憎恨把科學放到卑鄙的用途上的科學家，他像幾十年前的人離開人去接近神般地獨自到荒漠上的一間實驗室裡過著隱居的生活。

他提出問題的方法是創造人物，而當一切問題已不存在了時，他的人物仍然活著，這也就是他的作品的不朽處。他的最好的作品都是以人物爲主，看似人物的傳記。

路易斯感受力很強，普通人所不會感覺的事物，都會很容易地引起他愛與恨的反應，對他所愛的人物，他熱烈地愛，而對他所憎惡的人，便施以無情的譏諷，故他的故事中的人物都是用全黑或全白的顏色來描寫的。

十八　約翰・史坦倍克 (*John Steinbeck 1902-1964*)

史坦倍克是現代美國對於原始生活的思鄉病的代表。他的作品內的主角都是詩意化了的下層階級人們，而他們多生活在加里福尼亞中部的薩林納山谷和附近的蒙德萊海岸；他們的悲劇也在這裡展開，有著自然主義的氣氛與希臘田園詩的情調。

他的第一部成名的作品是「鼠與人」(Of Mice and Men 1937) 喬治與勒尼是一對同出同進的朋友，喬治聰敏、短小，勒尼強壯、善良卻智慧不足。他們是農場上的短工，出賣勞力換取少許薪金，可是他們有一個夢，夢想將來自己擁有一小塊田地，開個小農場，他們不到鎮上去喝酒、賭博，把賺來的每一分錢都積蓄起來，以使那個夢實現，可是命運是如何地作弄人呢？就在這夢已接近實現的邊緣時，愚蠢的勒尼無意間闖禍了，這不但粉碎了他們的夢，而且也喪送了他的生命。當你讀著史坦倍克那充滿了詩意與傷感的文字，終而隨著喬治來到勒尼闖禍後隱藏的叢林後，聽著喬治最後一次向勒尼講述他們的夢，答應勒尼照管兔子，然後聽到那致命的一聲槍響時，不由得你心不爲他們的悲劇所感動。勒尼是死了，善良而強壯的勒尼以他的愚蠢粉碎了自己的夢，卻仍然懷著憧憬死了，是被自己的好朋友打死的，可是，你能體會出出於愛心而致友人於死命者的感受嗎？

史坦倍克就生於加里福尼亞州的薩林納，父母是受過教育的中產階級，他曾入史丹福大學，不過沒得到學位，年輕時曾做過新聞記者及其他零零碎碎的工作，他開始寫作還是在他任泰和湖遊樂場的看守人時，有一個冬天，冰雪封凍了泰和湖，他無事可做，便寫作起來。最初的三本書並不成功，至「鼠與人」出版，才奠定其文壇上的地位。他的作品除「鼠與人」外，尚有「憤怒的葡萄園」「伊甸園東」「珍珠」「紅駒」等，都相當著名，都是以蒙德萊地區的生活爲題材的作品。

十九　尤傑・奧尼爾（*Eugene O'neill 1888-1953*）

「尤傑・奧尼爾對美國的戲劇並沒有其他的貢獻，他只不過在十餘年間，使美國戲劇從一個萬事有條有序，毫無生氣且並不存的世界進入那充滿了瑰麗，恐懼與偉大的現實生活中」，辛克萊・路易士在諾貝爾獎頒發典禮上如此宣稱他對奧尼爾的讚美。的確，當他開始寫作戲劇時，美國的舞台上還是一片空白，他單槍匹馬闖上台來，把那狹小的布幕推開，把整個現實的人生搬上來，創造了美國的戲劇，使美國不但有戲劇，而且敢於向歐洲的劇作家們炫耀。

他所採取的題材多是人生的黑暗面，他寫現實生活中有血有肉的人物，寫人的基本情感和經驗，寫生活上確實會有的事件；他的作品有著自然主義的風格，卻又洋溢著詩與哲理的氣氛，給人一種以詩意的眞實感。

奧尼爾之所以有此成就並不是偶然的：父母是流動劇團的伶人，他自幼即跟隨戲班子到處流浪，及長，又從事各種職業，這使他深深進入生活，體驗人生，他開始寫作還是在身體衰弱後不得不靜下來休養時的事。

他一共寫了四十七個劇本，最著名的有「天邊外」、「榆蔭情慾」、「奇異的插曲」等，有的已經拍成電影都非常成功。

「天邊外」是說一個由於愛情而生的人生悲劇，羅巴特是一個有詩人氣質的男子，他好幻想、愛自由，終生的願望是到海上去漂泊，過一種自由自在的生活，可是卻不得不困守在農場上，過著抑鬱的日子；臨終時，他跑到附近的山邊，凝望著遠方，臨終他充滿著希望說：「我畢竟快樂了，我要去了，這是自由的開始，我將動身遠航，自由自在地漫遊天邊外！」

「奇異的插曲」是他晚年最重要的作品，戲劇分量重，劇情離奇多趣，描寫出人的種種心理衝突，搜求生命的秘密，闡明生命的意義，把一個女子從青春到暮年的生涯活生生地描寫出來了。

他曾經獲得過三次普立茲獎，又於一九三六年獲得諾貝爾獎，他告訴我們：「對有志從事藝術創作的人來說最重要的是相信自己的作品，毫不猶豫毫不停歇地相信，而那些使我們如此的人，即幫助我們走向成功之路。」

二〇 施烏德・安德森（*Sherwood Anderson* 1876-1941）

曾經讀過「溫斯堡・俄亥俄」的讀者必定已熟悉了施烏德・安德森那簡潔平易而充滿了詩的氣氛的文體及那些刻劃一個在成長中的孩子的歡樂與悲愁的小故事了。

他在俄亥俄州那一望無邊的草原上度過他的童年，父親是個馬具商兼油漆匠，幽默健談，卻缺少謀生能力，拖著有七個小孩的家庭，從這一鎮搬到另一鎮，過著流浪的生活。施烏德・安德森自小聰敏、善感、富想像、好閱讀，他的教育完全是靠自己閱讀得來的，而寫作題材多是自己的親身經驗。他曾經幹過各種不同的雜役、工人，服過兵役，當過抄寫員，最後，自己經營了一所小型的油漆廠，生意還不壞；可是漸漸地，他開始在辦公桌上寫起短篇小說來，而且越寫越熱衷，終於，生意垮了而他專心一志地寫作，當他於一九四一年逝世時，已給美國文壇留下了一片歷久常青的園地。

如果說溫斯堡・俄亥俄是他的代表作，則「森林之死」可稱爲他的傑作，這是一個從小孩子口中敘述出來的故事：老婦人終生爲塡飽人們饑餓的肚皮而操勞著，丈夫、兒子、兒子的情婦、狗……都殘酷地對待她，貪婪地吃光她以生命的汁液得來的食物，終於，有一天，凍死在樹林裡。故事講得很客觀，很簡單，可是充滿了詩意。

除無數精采的短篇外，其主要的長篇小說有「可憐的懷特」、「一個講故事者的故事」，及回憶錄等。

二一 埃納斯・海明威 (*Ernest Hemingway 1898-1961*)

有人說海明威是個偉大的學生，他畢生的座右銘是「我想知道如何」。他想知道如何釣魚、如何拳擊、如何射擊、如何鬥牛、如何滑雪，如何記住自己對事物的感受，如何孕育自己的天賦，如何過一種自尊自重的生活……當然最重要的還是如何寫作。

他的寫作原則是：「使讀者直接感受到故事中的情感」。故他敘述故事時是把能夠觸動他的情感的情景、音響、觸覺、味道……等完全按照當時的情形記下來，而不是敘述他自己的印象。他還認爲文章的氣氛非常重要，而對話對氣氛的形成又非常重要，他的文筆是簡潔的、生動的，充滿了簡短的詞句與對話，而對話是直接採用口語，形成一種全新的風格，曾激起一代效仿的風尙。他的作品的內容多爲他自己的經歷：鬥牛、拳擊、戰爭、愛情、原野、森林、海……不管是寫什麼，總給你一種莫可奈何的悲劇感與迷失感。

他出生於伊里諾州的橡園，父親是鄉下醫生，他自幼即喜歡狩獵、拳擊等活動；高中畢業後即投身報界，大戰期間，充救護車司機，在義大利前線作戰負傷，戰後到巴黎去研究寫作，至一九二六年「旭日東昇」出版，一舉成名。

使他成為享譽世界文壇的作品，除「旭日東昇」外，主要的是「戰地鐘聲」、「戰地春夢」及「四十九個短篇故事」，而「老人與海」使他成為一九五三年諾貝爾獎的得主。

「老人與海」是一本算不上長篇卻比短篇長的小書，故事中只有兩個人物：老人與海。他們成為一切高貴氣質的化身：堅忍、勇敢、同情……。在一望無際的大海中，他們是敵人，卻又是朋友，當鯊魚群來攻擊時，他們幾乎成為並肩作戰的弟兄；最後，在海上漂盪了三天三夜之後，老人是回來了，帶回了一條比船身還長的魚骨，可是他勝利了，正如他所說：「人是不可以屈服的，他可以被毀，他的鬥志卻不能消滅」。是一本看過之後會使你覺得與前不同了的好書。

他大部份時間都在歐洲或旅行中，晚年定居古巴，於一九六一年飲彈自殺。

二二　湯瑪士・吳爾夫（Tomas Wolf 1900-1938）

一般批評家對湯瑪士・吳爾夫所下的評語是：天才橫溢，但缺少控制的能力；文華卓越，但對文章的結構不予注意；記憶力特強，可是不喜歡將素材予以剪接。的確，這就是吳爾夫的寫作風格。他以優美而有著詩的韻味的文筆，把那擁擠在心中或腦際的寫作素材，不厭其詳地傾瀉在紙上，如果沒有出版家的大斧刪節，他那成綑的草稿恐怕無法印成書見諸於世呢！即使如此，他的長篇小說仍然都是以大部頭著稱。

他寫作的題材多取於自身經驗，看他的作品，如同看他的自傳，可窺見他身體與精神兩方面的成長情形，他曾說：「我開始寫我自己年輕時候的計劃與目的。」不過，漸漸地他進入了寫作的第二階段：「寫生命的計劃與目的。」他一直都在尋找一種他自己的表達方式，他認為任何已有的被用過的藝術形式都是死的，腐朽的，而每一個藝術工作者都該有他自己的表現方式。他氣惱人家把他的作品與別的作家相比，不過，在筆法上，他是採用了自然主義的作風，而且不止一次地運用了喬埃斯的意識流敘述法。

他於一九〇〇年生於北加洛里那州(North Carolina)一個中產階級的家庭裡，度過一個充滿困擾的童年，畢業於州立大學，又到哈佛專修寫作，得碩士學位，執教於紐約大學。在短短三十九年的生命裡，他完成了「天使望鄉」、「時間與河流」、「網與岩石」、「你再也不能回老家」、及「山那邊」等大部頭長篇巨著及無數個從長篇素材中抽出片段而完成的中篇小說。

「天使望鄉」的內容包括了一百五十年的歷史，有兩千個人物，而幾乎涉及美國每一社會階層，每一種族，由此可見其作品內容之豐富了。

二三 威廉・福克納（*William Faulkner 1897-1962*）

「我相信人不僅能忍受，而且會得勝。他是不朽的，並不是由於他是生物中唯一擁有無盡發言能力者，而是由於他擁有靈魂與一種能夠同情、犧牲與忍受的精神。詩人與文學家的責任就是把那些與這有關的事物寫出，以提高人的心志，使其能夠忍受，而且激發其善的德性，如：同情、勇敢、榮譽、希望、犧牲等。」——在一九五一年諾貝爾獎領獎會上，福克納在致謝辭時，如此解釋他的文學態度，也爲我們指出一條努力的方向。

讀過福氏的作品者也許會否定這些話，他們也許會說：「那些充滿了兇殺、亂倫、搶劫、欺騙……及人性墮落的小說教給我們什麼呢？」不錯，這些正是福克納的主要題材，可是我們必須明瞭他所寫的是美國南方農業經濟受工業發展的打擊而崩潰後的社會，功利思想抬頭，舊有的體制破壞，腐敗、墮落充滿人間；他生長於南方一個中落的世家，他眼見耳聞的都是這些事，而心中憂慮著這些可能會把他所愛著的故鄉搞得一塌糊塗；於是他揀起他的筆，盡書這些醜惡、鄙卑的事，爲的是希望南方的人們會由於氣憤或羞慚而改除舊習氣。

他的文字向以艱澀難懂著稱，而多採用喬埃斯的意識流寫法，有人說這是必然的，因爲他的題材總是涉及很廣，太多往事，太多人物，使他沒法用簡單的敘述筆法。他在寫作技巧上不斷地求完美，他按照他自己的方法，力求自己的滿意，而從自己的錯誤中攝取教訓，如此，給予作品新生命。其主要作品有：「薩托利斯家族」、「喧囂與騷動」、「在我等死中」、「逋逃藪」、「八月之光」與「阿勃沙龍」、「不被消滅者」、「野棕櫚」、「小茅屋」、「塵埃中的不速之客」等及不少短篇小說。都是很有份量的作品，不過，銷路不佳。

福氏曾參加加拿大空軍，曾在密大讀過一年多，任過兩年郵局長；以後就專以寫作爲生，在家鄉購巨廈，深居簡出，飲酒賦詩，專心著述。於一九六二年，因心臟衰弱而去世，享年六十五歲。

二四 傑克・倫敦 (*Jack London 1876-1916*)

在他的自傳性的小說「馬丁・伊甸」中，主角馬丁是個在困苦中長大的孩子，他流浪、野、幹過各種粗活，當他體驗過各種生活後，他開始致力寫作，而當作品爲他帶來名與利時，他卻深深感到自身的無能爲力與失意，終而自殺。這正是他一生的寫照，當他還是個孩子時就被迫到外面去獨個兒闖天下了，他送過報紙，幹過碼頭工人、水手，參加過淘金的行列，也幹過戰地記者，這些粗獷的生活經驗都是他日後寫作的主要素材，而他深以這種充滿了男性的獷野的生活爲榮。

他深信達爾文的演化論，他認爲生活本身就是一種戰鬥，每一個生物不是獵取別人就是被人獵取，而只有強者才有生存的權利。他相信宇宙間有一項至高無上的律法，它冷酷、盲目、而且無理，它沒有好壞是非之別，而一切生物都必須屈服於它的威力之下。他是一個社會主義者，可是相信大部份人都是愚蠢的，必須受制於少數明智的強者。

他的作品多是以這些思想爲主題，而描寫的多是生物的本能，人與自然的抗爭，及死。故事中很少有女人，即使有，也只不過是男主角的伴侶而已。他的文筆是精鍊的，充滿了充滿智慧的警句。他的作品會把你帶到一個陌生的世界裡，在那裡，什麼文明、道德、財物都沒一點價值，剩下的是你的動物本能赤裸裸地面對著那至高無上的律法，作無益的掙扎，你會了解的，因爲這是生命的最根本的問題。

「荒野的呼喚」在他二十七歲時出版，使他一舉成名。故事的主角是一隻名爲布克的狗，它爲人盜賣給淘金者拉雪車，從安適的文明生活中投身於那面對自然的律法的環境裡，終於跟隨著狼群的呼喚，回復了它本來的野性，成爲一隻狼。

傑克·倫敦是一個多產作家，著名作品除上述兩種，還有「海狼」，「比賽」，「燃燒的日光」等，短篇小說在美國文學史上亦佔有極重要地位，而均極爲暢銷，幾乎世界各國都有其譯本。

二五　TS愛略脫（*T. S. Eliot 1888-1916*）

「一個詩人最基本的優越條件並不是擁有一個可以描寫的美好世界，而是擁有一種足以透過世界的美與醜而窺見厭倦、恐怖與榮耀的能力。」這位被譽爲現代詩的先驅者如此說過。他認爲對恐怖、卑鄙與使人憎惡的事物的默想是必須的，而且也是追求美好的另一面。

愛略脫雖然在四十歲時宣佈入英國籍，而不管在出生、教養或背景上說，都是美國的。他出生於新英格蘭一個清教徒家庭，祖父是華盛頓大學創辦人；他在哈佛大學研究文學與哲學，然後到法國與德國繼續學習，在第一次世界大戰時，曾任教師，後改業銀行員，又改爲編輯與出版家。

他的第一本詩集(Prufrock)是在他三十歲時出版的，寫的是一個由誇大的工業家、腐敗的政治家、沒落的貴族、神經質的婦人及不男不女的花花公子們所組成的一個膚淺的社會。

「荒地」(The Waste Land) 使他躍身爲第一流的大詩人，他透過世界的美與醜而看到的厭倦、恐怖與榮耀以更深沉的色調展露在以倫敦爲中心的整個西方文明這塊荒地上，有四百三十三行，是一首相當艱深的長詩，採用獨白的寫法，充滿了喬埃斯的意識流筆調，音韻極美，而且創造了不少使人難忘的人物，幾乎每一行都可以被引用，而事實上，已被無數人引用著了。

Four Quarters 是他的哲理詩，他開始以他自己的聲音向讀者釋述他的哲學、神學與詩的藝術的觀點。

在他四十幾歲時，曾經開始寫戲劇，是以善惡爲主題的詩劇，都相當成功，在六十歲時，得諾貝爾文學獎。

二六　羅勃・佛羅斯特 (*Robert Frost 1875-1963*)

羅勃・佛羅斯特，是一個最深刻也是最戲謔的現代詩人；他用大衆化的口語及自然的韻律所寫成的詩，不但是戲劇性的獨白，而且也是動人的抒情詩；他被稱爲「自然詩人」，可是他並沒有呈現在讀者面前一幅幅美麗的田園畫，他對自然的態度是仔細地觀察、探討，而他的詩，表面上看起來簡單淺易，卻蘊含著微妙深奧的哲理；在風格與韻律上顯露著極明顯的地域性，而在意義上卻是屬於宇宙的。他被譽爲「新英格蘭詩人」，卻誕生於舊金山。我們幾乎可以說羅勃・佛羅斯特是從矛盾來，從矛盾中表現自己，要研究他，必須從兩個極端著眼才行。

他的父親是南北戰爭時的 Copperhead（同情南方的北方人），佛羅斯特繼承了父親的獨立教派精神，自小反對傳統的正規教育，他曾經兩度進大學，可是都半途而退；十歲時父親去世，在十二歲至二十歲之間，曾做過鞋店工人、紡紗工人，地方報紙的記者及專欄作家。

在他十九歲時，「獨立雜誌」第一次刊登了他一首小詩，此後十四年間，只有該雜誌曾陸續刊登過他六首詩，到他的第一本詩集「一個男孩的願望」問世時，他已快四十歲了。「一個男孩的願望」是在英國出版的，所得評論還不錯，不過並未引起普遍的注意。

「波士頓之北」(North of Boston) 也是在英國出版的，這本書使他一夜成名，而美國突然間發現了他；從未注意過他第一部作品的評論家們爭相評論，各大學爭相聘請；待回國後，他成爲密西根大學的駐校詩人，後又成爲 Dartmouth 和 Amherst 兩學院的教授；到七十歲時，他已出版了十本詩集與兩個劇本，有三十所大學贈與他榮譽學位，而得過國家藝術文藝協會獎及四次普立茲文學獎。

他認爲作詩的過程是：「一首詩在開始時只是一團哽在喉頭的什麼，一種不對勁的感覺，一絲鄉思，一股戀情；並不是一個想寫的念頭，而是這感覺找到或形成念頭，然後念頭找到字句。」佛羅斯特的詩就是依這過程寫出的，他找到了那些「已經變成種子」的字句，寫出了現代詩的精華。

在八十歲時，他仍然執著他那枝不朽的筆，歌詠談論那些日常瑣事，探討人類的命運，這使許多評論家把他與英國的渥茲華茲相提並論。

二七 桃樂珊・派克（*Dorothy Parker 1893-1967*）

「一個確知從哪裡開始，到何處結束的故事創造者」。撒姆賽・毛姆曾經這樣形容她。她的耳朵總是聳立傾聽人們的談話，眼睛總是等待著攝取人們不經意而顯露出自我的瞬間。在她那些嚴肅的小說與充滿了機智的小詩裡，對人們的愚昧的攻擊是正確的，也是致命的。

桃樂珊・派克生於新吉爾塞州，就在當地旦娜小姐的學校裡讀書；她首先在Vogue 雜誌社裡工作，閒暇時寫寫小詩，自結婚後，經常寫詩向各大雜誌投稿，而「The New Yorker」似乎就是爲她那犀利、譏諷的筆調而設。於一九二七年她成爲該雜誌的工作人員，擔任寫書評，間或也寫劇評，而她那毫不容情的批評常使被批評者膽寒。

Enough Rope 是她的第一本詩集，在她三十四歲時出版，非常暢銷，使她成爲舉國皆知的名作家，而她那尖利的字句時常被引用著。第二本詩集出版於一九二八年，也就是在這一年，她與第一任丈夫離婚。

她的短篇小說集出版於一九三〇年，同樣地充滿了尖刻與嘲諷。雖然以機智揚名，她是一個非常嚴肅認眞的人，「我是一個諷刺客而非幽默家。」她如此解說。她擁有一種了解人們而以輕鬆的筆觸、諷刺的態度把她的感受以文字或詩句表現出來的能力。

桃樂珊・派克是個多方面的作家。她除了寫詩、小說、書評外，還寫過劇本，在廣播與電視上擔任節目，而不管從事什麼，都是有深度有意義的。

法國

一 玫瑰故事 (*Romance of the Rose 1235-1280*)

有人曾經說：要想了解中世紀必須讀三本書：但丁的神曲，喬賽的坎特布里故事，與玫瑰故事。喬賽的坎特布里故事已經在介紹英國文學時介紹過，但丁的神曲將來在介紹義大利文學時再討論，現在讓我們來認識一下這部被稱爲法國最早而且對後世文學影響如此巨大的文學作品。

玫瑰故事是一部抒寫愛情的隱喻詩，分爲前後兩篇，前篇約有四千行，是洛里士（Guillaume De Lorris）所寫，因早逝未能完篇，於四十年後由麥恩（Jean De Meung）續寫，是爲後篇，長達一萬九千行。全詩是寫詩人如何在夢中發現並追求那朵象徵愛情與女性的玫瑰。詩中所有人物多是道德或感情上的抽象觀念，如「恐懼」、「羞恥」等。而追求的經過就是騎士精神盛行的中世紀的愛的藝術。

前後兩篇故事雖是聯貫的，在精神與風格上卻大不相同：前篇結構謹嚴，言詞高雅，因襲當時行吟詩人對愛情與女性的尊崇精神，而後篇卻對這些懷著譏諷，同時，由於插入了太多對於各種問題的論辯與譏諷，顯得冗長了，有時連故事都銜接不上了。不過，它的那些博學而含有哲理的輿論與充滿了機智的諷刺與前篇的完美結構，動人的描寫同樣地是全詩的優點。

「玫瑰故事」是西洋文學中第一部以夢境來敘述並分析一個愛人的思想感受與對他所愛者的關係的作品，它的成功使這種夢境隱喻詩成爲風尚，而它是以後三世紀中許多隱喻詩的靈感與範本，對許多十四世紀的名詩人，（包括薄伽修、喬賽等在內）具有極大的影響。

至於那兩位作者，由於知道得太少，就只好不提了。

二 拉伯雷（*Francois Rabelais 1495–1553*）

文藝復興時期，在西洋文壇上興起了一種新的文體，那就是散文小說；而拉伯雷提倡了一種新的寫實主義小說。

關於拉伯雷的生平，我們只有從他的作品中揀拾零零碎碎的事實連綴個梗概：生於法國托蘭省之希儂城，父親是個鄉下律師，他曾經當過修士、神父，後來又學過法律與希臘文，都無所成就，最後習醫成爲醫生。他穿著教衣到處行醫，於一五三二年被任命爲里昂市立醫院的醫生並教授解剖學，同時也開始了他那編輯、校正、翻譯醫學作品的生涯。也是在里昂，他出版了第一部使他成爲不朽的作品。

他自四十歲開始寫作，曾連續出了五部有連帶關係的作品：第一部「加敢泰」（Gargantua）是寫巨人加敢泰的一生，有他的家庭歷史，他的成長及教育，他的冒險以及他的理想寺院的建立；第二部潘泰格魯爾（Pantagruel）是寫加敢泰的兒子潘泰格魯爾所受的教育及參加的戰爭，以後幾部都是記敘潘泰格魯爾在外面遊歷的見聞與冒險，都是取材自現實生活，結構並不謹嚴，一連串滑稽好笑的故事，信筆寫來，可是並不眞如作者自稱，只是逗病人笑一笑的作品，在那些逗人發笑的事件後面，藏得有許多深刻的哲學思想，對當時的社會狀態有著入微的諷刺，對教育更發表了堪稱專題研究的論見；拉伯雷似乎繼承了義大利的文藝復興精神，在他的作品中充滿了對求知與崇尚自然的強調，他認爲求知可以解決一切問題，詼諧可以淨化社會，而人類的一切行爲皆應聽其自然。

三 蒙田 (*Michel Eyquem de Montaigne 1533-1592*)

「自古以來，有深遠見識的人並不少，可是沒有一個人有如此豐富的思想：從不枯燥，永遠認眞，而且有使讀者關心所有他所關心的問題的天才。」美國哲人愛默生曾如此表示他對蒙田的敬佩。愛默生是一長串受他影響至深的散文家的名字中的一個。

生於法國南部一座古老的城堡裡，父母是剛剛致富而成貴族的葡萄牙人，對他的教育非常重視，當他剛剛呀呀學語之時，就爲他請了拉丁文的教師，而且家人在他們面前，也只能講幾個現學的拉丁字，有了這種加強的學習，蒙田之能夠成爲最重要的一個古希臘羅馬文明的解說者，並不是偶然的。

他曾經習過法律，在波爾多市任過要職，可是在三十七歲時就退休還鄉，專心寫作，出版了兩集散文之後，到各處去旅行，並任過兩任波市市長，之後又隱退入他那城堡裡，關在高塔頂的圖書室內，終日閱讀、冥想、寫作。

他的寫作題材就是他自己，他曾經說過：「每一個人可以在我的書中認出我，而也可以從我認出我的書。」雖然如此，他的散文卻具有所有偉大文學作品的共通性，因爲每一個人都具有其所屬類型的特色，從每一個人都可窺探人性。

他發現自己具有許多矛盾的特性，例如：怯懦又勇敢，是專橫的父親又是熱誠的朋友，這種矛盾性正是人類的一種基本的特性，他的懷疑論的人生哲學就建立在這上面。他認爲人類一直在改變中，永遠沒法捉住眞理，不管科學、理智、哲學，都不能引導他，他只不過是習俗、偏見、自我利益與狂熱的忠僕，周圍環境以及此環境加諸於他的印象的犧牲品。不過他並不是破除迷信者，要搗毀人類的偶像，也不是諷刺家，一意在譏嘲人類的愚蠢與罪行，他只是一個智慧而溫和的思想家，他輕柔地自問：「我知道什麼呢？」他厭憎所有極端的或武斷的見解，他認爲所謂眞理只不過是猜想，我們必須保留自己的判斷，對當代所標榜的提出懷疑。「既然智者、或數百人或幾個國家都可能犯錯，既然連人性都可能在這在那上犯幾世紀的錯誤，我們怎能相信現在就不會錯了？」

他崇尙自然，主張任其自然爲行爲的準則，在教育上，他注重人格的培養甚於知識的灌輸，他認爲教育的目的在使我們能夠眞正地了解人與事物並過一種和諧的生活。

蒙田的文筆簡明、流暢，不事矯飾，充滿了生命與想像，他是一個要細細咀嚼的作家，他的散文集並沒有一個系統，不過終於把人類可能有興趣的題材都論遍了，而他對這些題材的見解往往使我們不但懂得了作者、人類，而且也了解了我們自己。他是這種散文體的創始者，像里姆、培根、安德森、愛默生、羅拔等都是他的受益者。

四　皮爾・高乃依(*Pierre Corneille 1606-1684*)

當高乃依的悲劇「息德」在巴黎上演時，不但轟動了全巴黎，引起了文學批評界的爭論，而且引導法國戲劇進入所謂新古典主義時期。所謂新古典主義的戲劇的主要特色即嚴格地遵守古希臘戲劇的規律，尤其是三一律；高乃依除重拾這些寫作的限制外，並著重心理的描寫與分析，所寫事件多爲個人內心的衝突，而衝突的結果總是理智戰勝（新古典主義時期就是一個理智時代），劇中人物都有一副高貴的靈魂與偉大人格，常是充滿著犧牲精神、愛國心、義務感、寬大的心懷與追求理想的願望等，故他的悲劇能引起觀衆的嘆賞之情。

他生於盧昻，本來業律師，在「息德」(The Cid) 發表之前，喜劇已小有名氣。「息德」取材自西班牙劇本，是寫男主角在榮譽與愛情的衝突中所作的抉擇，在寫作上並沒有那麼嚴格地遵守古典主義的限制，上演後的轟動引起了一部份文士的嫉妒，遂爲首相授意當時最具權威的學術機構「翰林院」予以痛擊，說「息德」有剽竊西班牙劇本之嫌；雖然觀衆並沒有因之影響其對「息德」與其作者的熱愛，高乃依卻再沒走出古典作品的規範一步。

在一六四〇至一六四三年之間高乃依一共推出荷拉士(Horace)、珊納(Cinna)、波利爾克特(Polyeuctc)、龐貝之死(Le Mortcle Pompee)四大悲劇，與說謊者(Le Menteur)喜劇，都極爲成功。而每一劇本都可代表他對人生及戲劇的看法：一種爲是非觀念與自由意志所支配的人生，一種探索心理上的眞理的戲劇。

雖然一直到一六八四年才逝世，而發表於一六四四年的「說謊者」可說是他最後一本重要的著作，在這四十年中，他曾經一度退出劇壇而寫宗教詩，至重回之時，著作都不得好評，而新人拉辛(Racine)代之而起，稱雄於劇壇，晚景頗爲淒涼。

五　約翰・拉辛 (Jean Racine 1639-1699)

拉辛是法國繼高乃依而起的偉大悲劇作家。當時的法蘭西正是路易十四統治下的黃金時代——文物制度盛極一時，成爲歐洲的文明中心。高乃依劇中所描繪的那種重理智的英雄式的人物已不再是此時代貴族們的寫照，而凡爾賽宮與巴黎上流社會的觀衆所要求的戲劇是文雅的，尙情的，拉辛正是一個能夠滿足此一要求而使戲劇免於虛飾誇張的天才劇作家。

拉辛生於法國香檳省一個詹塞尼斯教派 (Janseniste) 的中產階級家庭，幼年即爲孤兒，由祖父母撫養成人，於一六五五年入王港修道院 (Port-Royal) 接受古典教育，使他對希臘戲劇有了深徹的了解，這與他日後從事戲劇的寫作有極大的影響。一六五八年離開修道院，至巴黎，結識諸文士，開始入戲劇界。他的頭兩部作品上演情形雖然也不錯，可是使他成爲不朽的作品到一六六七年才出現。在以後十年間陸續推出六個悲劇，都是極爲完美的作品。由於最後一劇斐德爾(Phedre)上演時有人陰謀搗亂，使他於三十七歲時便告別劇壇，接受了「國王史料官」的頭銜，娶了一個虔誠的女士，過著平靜的生活。

他的悲劇多以情爲題材，情節單純，文字純淨優美高雅又暢達；沒有人比拉辛還善於描寫情感，尤其是愛情，例如：純樸的柔情，邪惡的慾望，熱烈的顛狂，以及隨愛情而有的嫉妒、衝動、不安、憂鬱、犧牲、痛苦、犯罪等。在拉辛看來，人類乃是感情的傀儡，而理智不過用來證明情慾所造成的損害罷了。其劇中的主要人物都具有經過深刻研究並且永遠眞實的性格，眞實與深刻乃是拉辛天才的兩面。

「昂德洛瑪格」(Andromaque 1667)是他的第一部傑作，選材自特洛伊戰爭的故事，主要人物只有兩男兩女：埃比爾的國王比魯斯與他的未婚妻愛米渥，熱愛著愛米渥的希臘代表奧勒斯特，與昂德洛瑪格。昂德洛瑪格與兒子被比魯斯所俘也爲比魯斯所愛，他以殺死她的兒子爲威脅強迫「昂」嫁他，愛米渥爲妒火所燒教唆奧勒斯特刺殺「比」，結果「比」被殺，「愛」自殺，而「奧」發狂，對狂熱的情慾有著極爲深刻的描寫。是他所有作品的典型。其他著名作品有：布立丹尼卡(Britannicus)，白萊尼斯(Berenice)，巴雅扎特(Bajazet)，伊斐珍尼在奧里德(Iphigeniaen Aulide)和斐德爾(Phedre)等，都是極爲完美的作品。

六　莫里哀（*Moliere 1622-1673*）

莫里哀與高乃依、拉辛是法國古典主義時期的三大劇作家，而莫里哀在喜劇方面的成就是豐碩的，對後世的影響是巨大的。司谷脫曾說過：「莫里哀是喜劇之王，他以鷹一般銳利的眼光窺探世界上各種罪惡愚行，以之爲諷刺的材料。」所謂深刻的諷刺喜劇自他開始，而在英國蕭伯納之前，在世界文壇上沒一個能與他相比的。

他的原名是卜克齡（Jean Baptiste Poquelin），莫里哀是藝名與筆名。他的父親是法王路易十三的侍從及皇家氈廠的總管，他曾經受過良好的教育，對古典劇作有著深刻的研究；在二十歲時，就捨棄了繼承父親職位的坦易前程，毅然投身於當時爲教會所不容，世人所不齒的戲劇界。最初他與一些青年伶人組織了「光明劇團」，在巴黎公演失敗後，遂下鄉巡迴表演，十年間一直過著飄泊流浪的生涯，歷盡了艱辛，卻也給予他觀察生活，體驗生活的機會，使他能夠切實而深刻地描繪生活與人物。

一六五五年「輕佻人」(L'Etourdi) 發表，觀衆反應還好，「博學婦人」(Les Femmes Savantes) 的上演使他進入名劇作家之列，也使他進入路易十四的宮廷內，而自那以後一直受著他的庇護。在宮廷內的十五年，他一方面要扮演角色，一方面指揮劇團，一方面努力寫作，總共寫成了二十九部長篇詩劇與散文劇，其中以「僞君子」、「婦女學校」、「厭世者」、「唐璜」、「守財奴」、「幻想病」等最爲著名，都是世界文壇上完美的作品。

法國古典主義劇作家的共同長處是他們對人物性格的描寫，而莫里哀在這方面更是擅長，他所描寫的人物異常繁複，可是他使他們的動作語言都能與他們所在的環境，及各人的本性、特性有理論上及事實上的密合，他的諷刺多是積極的，他以筆尖掃射到社會的各角落，把自大、虛僞、迂腐、矯飾、貪慾、奸詐等嬉笑著揭露出來。

於一六七三年，在「幻想病」一劇第四次上演時，在舞台上忽然吐血，抬回家後幾小時便逝世了。

七 服爾泰（*Voltaire 1694-1778*）

「詩人、哲學家、歷史學家。他爲人類的才智加以羽翼，爲我們舖就通往自由的大道。」在他的墓碑上如此刻著。

這位生於路易十四逝世的翌日，死於大革命的前夕的長命文學工作者，幾乎活了整個十八世紀，他的名字使人想起那個面貌醜陋、性情怪僻、身體虛弱，卻畢生孜孜不倦地埋頭工作的老人，也是全世界反對盲信和不寬容的自由理智的象徵；他是十八世紀最偉大的作家，也是世界偉大作家之一，是啓蒙時期不斷被人摹仿的典範。

他的原名是亞洛埃(Francois Mane Arouet)，自一七一八年才改名爲服爾泰，生於巴黎一中產階級家庭，父親爲公證人，他曾在教會學校接受古典教育，自幼就顯露出對古典文學及詩歌等的興趣與天賦。在二十歲時，就擁有了相當的文名，自那時起，他一直是當時最受愛戴的文學工作者，是最新思想的解說者，是時代的發言人；只是由於言論激烈，文筆尖刻，畢生爲政府所不容，曾屢次入獄，或被放逐，曾亡命英國三年，客居普魯士，晚年定居於距日內瓦不遠的一個法國小村莊裡，努力寫作，接待慕名而來的訪客，並經營實業，風聲一緊，立即潛入瑞士國境，以免被捕。

在他六十年漫長的寫作歲月裡，他一共推出了七十部作品。其中有詩、有戲劇、有小說，當然大部份是以散文寫的論文、談話錄、諧文、信扎及筆戰文等。

「哲學書簡」是亡命英國時受英國的政治及社會制度的啓發所寫，顯示給人們英國人及其戲劇、哲學等所享受的自由，大膽的描述成爲震世之作。

「路易十四的世紀」及「論各國的風格與精神」是兩部歷史巨著，他一改過去只敘述戰爭與條約的歷史寫法，對該時代的風俗、文學、藝術、財政等均有極詳盡的記載，故有人稱他爲近代歷史學家之師。

「菜單總管」、「查巴達問題」、「五十人的說教」、「終於解通了聖經」等是他對哲學、宗教、法制、政治經濟等的熱情討論，以及對人類各種謬誤、偏見、不寬容、不公平等行爲的挑戰；他有著無窮的創見與興致、文筆妥適、純淨、明暢、單純，而充滿了才智、雄辯與狡計。

「憨茅德」(Candide)與「查狄」(Zadig)是他的許多短篇哲學小說中的代表作，這些小說多是在外國背景中展開一個冒險故事，而這些故事大都是證明一個觀念，嘲笑一個謬誤、摧毀一種偏見；是一種由他所創的文體。

至於他那一萬多封信簡，如今已成爲對一切題材的理性、才智與判斷的汲用不盡的寶藏。

八 盧梭 (Jean Jacques Rousseau 1712-1778)

「從服爾泰，我們所看到的是一個世紀的結束，而盧梭揭示給我們一個新的。」歌德曾如此說。是他啓發了西洋文學的浪漫主義運動，是他給予了現代民主思想以基本的概念，是他遠在教育心理產生之前提出了發展天性的教育理論：嚴格地說起來，他並不能稱爲哲學家，也不能算是文學家，可是他的言論是時代的聲音，他的作品寫的是一些能反映出時代精神的有關個人或社會的深邃感受。

盧梭是日內瓦一個鐘錶匠的兒子，在一七五〇年以前他只不過是個行爲隨便的浪者，他曾做過學徒、僕從、修道院的學生、音樂教師、家庭教師……及華朗絲夫人的座上客。自開始了文學生涯後，喜愛鄉居，不過由於言論過新，也時遭政府之忌，常有被迫害之虞，在巴黎時常以抄寫樂譜爲生，過著一種驕傲的隱居生活，於一七七八年在友人家突然中風而亡，在法國大革命成功後，遺體被遷葬於英靈廟，與服爾泰之墓爲鄰。

啓發他從事文學生涯的是第戎學院(Acodemie de Dijon)的一則徵文廣告，題目是：「科學與藝術是否有助於社會風習之淨化？」這則簡單的廣告給予他驚人的震撼，他給友人信曾如此描繪說：「刹那間我好像爲千萬隻閃爍的燈光所眩暈，生動的意念雲擁而來，使我陷入一種難言的激動中……」他正在拜訪友人的途中，於是他在一棵樹下坐下來整理這些在他日後的作品中陸續出現的，有關人類處境的思想與情感。

他應徵的文題是「論科學與藝術」，他以逆說的方式回答原來的徵文題，他認爲人類社會風習係隨文明進步而腐敗墮落；此篇論文使他一舉成名，輝煌地開始了寫作生涯。

第二篇論文「關於人類不平等的根源」雖然沒入選，發表時卻也轟動一時，在此文中，他表示出了生活於自然狀態下的原始人的讚美，並鼓勵弱者反抗強者、受壓迫者反抗暴君，對法國的政治思想有莫大的影響。

除去音樂與植物方面的著作，以及劇本和通信外，他的著作數量並不多，可是都極有意義，最重要的有三部：

「民約論」是一本思想方面的著作，作者在此尋求社會形成的基本條件，討論一種理想的政治形式，近代民主主義的思想都在此書中加以闡發。

「愛彌兒」可說是盧梭全部思想的總匯，他認爲人性原是好的，但是文明卻使它敗壞了，而治療這中毒已深的文明社會的藥方就是兒童教育。任其自然發展的兒童教育。這是一部教育理論，也是一部文筆優美的文學作品。

「新哀洛綺」是本書簡體的小說，雖然稍嫌冗長，枝葉橫生，說教口吻太重，可是這缺點卻爲一種充滿雄辯式且詩意的筆調所掩，是他爲小說增添了愛情詩，他對自然之嚮往，他的未曾表露過的柔情，對田園生活之美夢，他的遺憾，他的憂鬱，他的對道德及社會方面的思想等都得以發洩的機會，它的成功是廣泛而深刻的，從沒有一本小說在淨化人心上發生過同樣的影響。

在「懺悔錄」中他把自己搬上了解剖台，對自己過去的一些一般人情願埋在心底的經驗告白於世，是一種革命性的傳記寫作法。

九　勒薩琪（*Alain Rene Le Sage 1668-1747*）

勒薩琪是法國第一個風俗小說家和劇作家，而「吉爾勃拉」(Gil Blas) 是世界上最早、最具影響力的風俗小說之一，也是使他躍登世界文壇的唯一作品。

「吉爾勃拉」不管在人物的選擇上、背景的處置上，或結構上都深受西班牙的歹徒小說的影響，所謂歹徒小說是敘述一個歹徒的一生遭遇，也可說是一連串的新奇冒險故事，通常都是以此歹徒以第一人稱敘述，包括有許許多多驚險刺激的事件及他所接觸的人的敘述；由於主人翁總是在流浪，而所接觸面又極廣，故可描繪出一個時代的眞實風俗畫，對風俗的研究上，極有價值。「吉爾勃拉」即是遵循著這形式寫的，主人翁是一個流浪漢，他到處流浪，而一些並不太相關的事件就沿著他流浪的路途出現，故事發展得相當快，足以使你拔不下眼睛來。這本書對後世的影響是巨大的，尤其是對英國的費爾丁等作家。

勒薩琪生於法國的不列塔尼(Britlany)，少時習法律，一六九二年應邀至巴黎任律師，至一六九四年轉而致力文學，他曾遊歷西班牙，對西班牙文學有相當的研究，開始時翻譯西班牙羅捷斯(Rojas)和洛普戴維加(Lope De Vega)的戲劇，至四十歲時才獲得相當的成功。他生平作品有一百餘種，著名的除「吉爾勃拉」之外，尚有「鞋匠」(Crispin)「屠爾卡呂特」(Turcaret)兩喜劇，是法國文學史上的喜劇傑作，對法國的風習與人類的弱點有極深刻的諷刺。

十　蒲呂渥 (*Antoine Francois Prevost 1697-1763*)

安達・法朗士・蒲呂渥是近代第一部愛情小說——曼儂——的作者，曾經入耶穌學會實習作神父，好動與愛冒險的秉性使他沒待多久就離去而進入軍隊，後又遊英國；在英國，他開始發現自己在寫作與翻譯方面的才賦，一方面把雷契遜（Richardson)的作品譯成法文，一方面開始了他那導致情感主義的小說的盛行的寫作。

他的作品很多，大多是循自傳體發展下去的愛情悲劇，情節曲折離奇，文筆暢達流利，熱情洋溢，深爲讀者所喜愛；其中最著名、最使他永垂不朽的是「曼儂」(Manon Lescaut)「曼儂」是「高士回憶錄」(Memoirs And Adventures of a Gentleman of Quality Who Has Withdrawn from The World)中的一部份，是由一個老人來敘述的一對青年男女的愛情故事，結構謹嚴單純，絕少節外生枝的揷言，故事哀怨綿纏，人物描寫逼眞，對人性亦有極深刻的刻劃，雖然男主角嫌柔弱，女主角太不忠實，可是他們既然都那麼年輕（十七歲），作者的文筆又那麼充滿了同情與傷感，故，雖然當你讀完時，任管你對男女主角的作法不敢贊同，卻也不由得不深受感動，不爲這對癡情卻又受盡折磨的青年流淚。從描寫男女愛情這一點來說，「曼儂」是十九世紀許多心理分析小說的典範；對盧梭寫「新哀洛綺」亦有極大的影響。

蒲呂渥於一七四二年返國，專心從事著作，總算結束了他的冒險流浪的生活。

十一 拉馬丁（*Alphonse de Damartine 1790-1869*）

拉馬丁的第一本詩集——「默思」——的出版，在法國曾引起了一時的轟動，被認爲是法國浪漫詩歌的開始，因爲這些詩都是寫拉馬丁個人的悲愁，他自己的信仰及對自然的愛好，他以溫柔、憂鬱的筆調，爲法國詩歌帶來了深摯的情感，被視爲法國的大悲歌詩人。

其實拉馬丁也是一個政治家，就在「默思」出版那年（一八二〇），他也接到了他第一個外交官職位；自那以後（至一八三九年），在文學生涯中，他陸續出版了「新默思」、「蘇格拉底之死」、「約斯蘭」、「謫仙記」等詩集，在政治活動上，成爲革命政府的重要官員。拿破崙三世即位後，他開始過一種貧困的退休生活，以寫作爲生並還債。作品多以散文寫成，有小說，有回憶錄，也有歷史。

「葛萊齊拉」是一部散文詩般的小說，寫一個青年與一個漁家女的戀情，他們的情感是純眞的、文雅的，而又深摯的，書中每一個人物都有一顆善良的心，而拉馬丁那優美的詩一樣的筆調使全書像一闋淒婉的樂曲，緩緩地流過讀者的心靈，故事的悲劇結局使它爲一種淡淡的哀傷所染，卻又如雨後的園地般得到了滋潤。是一本値得讀而且使人愛不釋手，讀完後願意再拾起來，希望在自己的書架上擺一本的書。

拉馬丁生於法國南部馬剛 (Macon) 地方，幼年完全在慈母與姊妹群中度過，性情柔和，喜歡閱讀，曾到義大利遊歷，任過路易十八的衛隊，不久即回故鄉，過一種與自然界接近的田園生活，直到出任公職。

十二　維克多・雨果（*Victor Hugo 1802-1885*）

如果說十九世紀中葉文學的霸權是在法國，倒不如說在維克多・雨果的手中來得恰切些，這位曾經認爲巴黎應該爲紀念他而易名「雨果」的法國詩人、劇作家與小說家在他一生中所完成的五十餘部作品中，有不少是震撼文壇，爲全世界讀者所喜愛且萬古不朽的傑作。他的父親原爲拿破崙手下的將領，可是雨果卻是傾向民主的，至拿破崙第三稱帝時，他的政治主張使他被放逐於國外；至一八七〇年法國革命成功後回國時，卻被視爲英雄與先知，爲法國人民熱烈地歡迎、擁護、崇拜；死後以國禮葬之。

史劇「克倫威爾」（Cronwell）於一八二七年出版，他在序言中指責古典戲劇的三一律中的時間與地點的一致是毫無意義的，是法國浪漫戲劇的宣言，使他成爲當時文學界的中心人物。「歐那尼」（Hernani）是完全依這主張寫成的，有五幕二十六場，採用了各種不同的情操與場景，文字是日常用語，「歐那尼」的上演之日（一八三〇年二月十五日）也就是浪漫主義在法國戰勝古典主義之日。「國王的自娛」因伏爾第採用改寫爲歌劇「弄臣」(Rigoletto)，更成爲家傳戶曉。

雨果的小說與他的戲劇同樣地是由戲劇性的人物，誇張的情感與強烈的感動力所組成。「鐘樓怪人」情節曲折離奇，引人入勝，書中人物像詩般悲壯也像詩般哀艷，其中有純潔眞摯的愛，也有自私卑劣的愛，有奢華荒誕的一面，也有貧苦悽慘的一面，對中古時代的建築藝術，也有極精細的描繪。英·史溫朋 (Swinburne 1837-1909) 曾說：「鐘樓怪人裡不但有四月五月的香氣，還有七月和八月的光明，這是最偉大的悲劇，有希臘悲劇的完全結構。」

「悲慘世界」是他另一部富戲劇性的感人小說，稍稍喜愛閱讀者必定早已讀過，這本書裡含有雨果大部份對社會問題的觀念，洋溢著人類的基本情感：父母之愛，報復、感恩、同情等。

雨果在抒情詩方面的成就也是非凡的，他的詩活潑婉轉，想像力豐富，對後世文學工作者影響至深，即使像梅里美、左拉等自然派作家，雖然不喜歡他過分的傷感情調，仍然不免要從他的作品中找靈感作典範。重要詩集有「秋葉集」、「東方之歌」、「微明之歌」、「光明與黑暗」、「內省集」等。

十三　波特萊爾（*Pierre Charles Baudelaire 1821-1867*）

「文學重於一切，重於饑餓，重於享樂，也重於我母親。」這位被尊爲法國象徵派始祖的詩人懷著這樣的熱情致力於他那影響後世深且廣的工作，他所用的題材是從沒有人用過的：乞丐、醉漢、行人、不幸的窮人，都是他寫詩的材料，他從他們的不幸、污穢、與罪惡中提煉出美，也可以說是透過美的形式來表現醜惡，他的詩並不是單純的韻文述說，而是以比喻、表象，來具現經驗，從描述日常生活中常見的經驗中表現出一種更深廣的意念，創造出一種表達人類智慧領域中複雜的感受的詩體；俄・托爾斯泰曾讚他的詩爲藝術的結晶，而由他所引起來的象徵主義如一股激流，不但影響了英法的文學，而且使音樂、繪畫同樣地改變了風格，愛略脫曾說他的詩是一種全新的改革。

波特萊爾的一生是不幸的，六歲時喪父，母親改嫁，繼父未能給予他適當的愛，使他養成仇恨、任性、不經意的個性。他曾讀過軍校，後來家人送他到東印度旅行，他中途於莫里斯島登陸，過了一段悠遊自在的日子，收集了一些日後出現於他詩中的美麗的熱帶風光印象。

在巴黎他開始了他的文人生涯，結識了不少當時著名的詩人與畫家。對美・愛倫坡的作品極爲讚賞，曾花了十七年的時間將其詩集譯成法文，於一八五七年出版了他最主要的一本詩集「惡之華」(Fleuv Du Mal)，其後又陸續發表了散文詩三集。

他的生活是自毀性的放縱，過度飲酒、吸鴉片、服嗎啡，使他於四十歲時就完全崩潰了，曾數度企圖自殺，死於一八六七年。

十四 亞歷山大・仲馬（*Alexandre Dumas 1802-1870*）

亞歷山大・仲馬在我國譯稱爲大仲馬，因爲他有個兒子在文壇上與他同樣地享有盛名。提起大仲馬，大家必定不陌生，因爲很可能曾經或正迷於「基度山恩仇記」的引人情節裡。大仲馬是一位擁有無限精力與構想的作家，一生不停地工作，連續推出三百餘部作品，受英・司各脫的影響，寫作多從歷史取材，有的是以歷史爲背景，配上創造出的人物與故事，有的是讓歷史上的人物活在他杜撰的故事裡，有的就完全以史實爲範本，不管怎樣，他都能使情節曲折緊湊，人物熱情充溢，有人說他爲法國舞台搬上了歷史人物與場景，以及誇張的浪漫氣氛。他小說中的地名、街名，以及風景的描寫都是實地取材，他自己曾經說過：「書中的地理背景要不是親眼看過，就無法落筆。」故他的作品極易給人一種眞實感，即使是情節離奇得難以置信。

大仲馬是拿破崙手下一位大將軍之子，身體魁梧，性情躁急而富於想像，父親死後，家道中落，隨母親在巴黎過著困苦的日子。沒有受過系統的教育，二十歲時任某公爵的書記，閒暇喜觀劇，頗有心得，遂試寫劇本，二十六歲時所寫「亨利第三及其宮廷」在法蘭西劇院上演，頗得好評，奠定下其獻身寫作之基。他繼續寫了二十五種劇本，以「拿破崙」與「安東尼」最爲著名。

是時，也正是雨果以「歐尼那」一劇轟動法國劇壇之際，大仲馬自知不能與之爭雄，遂改寫小說，共有二百五十餘種，其中最著名的是「達太安三部曲」與「基度山恩仇記」。

「達太安三部曲」共包括三本鉅著：「俠隱記」(Les Trois mousguetairet)，「續俠隱記」(Vint Ans Apres) 與「俠隱記三集」。是寫書中主角「達太安」的一生，從少年、中年而老年，隨了年歲與經歷的增長，大仲馬從敘述中描寫出他對人處事的態度的轉度，實在精妙。就故事而論，這是一部以歷史爲背景的冒險故事，史蒂芬遜曾批評說：「快意與微酸的悲哀兼而有之，常常是勇敢邁進的，絕不悵惘失神。」

「基度山恩仇記」(Count ot monte Cristo) 是一個偉大的虛構故事，沒有豐富的構想力是沒法想出如此曲折引人的情節的，當你讀著時，雖然爲情節引著急欲知道下面怎樣了，卻也不由得要在某行頁裡逗留，徘徊片刻，因爲那裡閃耀著的智慧與哲理仍然是值得珍貴而難得呀！

他的勤奮的工作給予他帶來名譽與金錢，可是他的揮霍使他仍然不名一文，至老年甚至負一身債，晚景很淒涼。

十五　謬塞（Alfred de Musset 1810-1857）

十九世紀初葉是法國的熱情抒情詩人時代，而謬塞是這時代中最熱情的抒情詩人，他那些描寫愛的狂喜與絕望的抒情詩，使他在詩壇上一直享有盛譽。當他初入巴黎的文學圈子時，是個才氣橫溢的快樂孩子，沒有多久，就成爲老一輩的浪漫詩人的寵兒，在二十歲之前就出版了他那洋溢著拜倫式的熱情，大膽與機智的第一本詩集（西班牙與義大利故事）。

當他二十三歲時，遇到了女作家喬治・桑(George Sand)，他們之間的那段熱烈而充滿了風暴又以分開終結的情使他的天才臻於成熟，也使他失落了他的歡樂。散文自傳「孩子的自白」(Confession of a Child of the Age 1836)可說是他的愛與悲傷的記錄，「夜」(The Nights 1835-1837)包括四首對話詩，詩人謬司在五月、十二月、八月、十月之夜裡勸他忘記他的悲傷。然而謬塞那顆受創的心是不易平復的，他使他的愛與痛苦隨了他的詩篇而不朽。他認爲詩內的情感遠比形式重要，故他寫詩很少在文字與韻律上下工夫，而所表達的全是他們熾熱的感情。

謬塞在法國戲劇界的地位或許比在詩壇上還穩固。在一八三三年至一八四五年之間，他曾連續推出不少喜劇與悲劇劇本，都是文辭優美，情感動人，含義深刻的作品。

爲求遺忘，他在放蕩的生活中度過了他最後十年的歲月，法國浪漫時期大批評家聖・包佛 (Sainte Beuve) 曾說：「何等地光輝！何等地陰晦！」是他生命的寫照。

十六 巴爾扎克（*Honore de Balzac 1799-1850*）

巴爾扎克是一個多產作家，他一生一直在寫，寫作範圍和國家的疆域同樣遼闊，對人類的知識觸及到各階層，各行業；他的創造力如同一股自然的力量，像滾滾江河，泛出了堤岸，淹沒了周遭的每一樣事物。他對事物的詳盡而客觀的描述爲法國文學開了寫實的路子。他的一部「人間喜劇」寫盡了各階層的形形色色，創造了一長串具有眞實性的人物。

他的一生都是在對財富與地位的追求中，他拚命寫作，賺了不少錢，可是他花得更多，窮奢極侈的生活，使他負債累累，稿費常常是預支的，寫作總是爲債務所逼，而投資做生意也總是以破產結束。可是這並無損於他的創作，因爲他是個只有在債務逼迫下才能寫作的作家。

他的小說進行得很慢，他開始時總是詳細地描寫動作的場景，而且總是寫的比你想知道的多，使你覺得冗長；接著告訴你他的人物的外表、性情、出身、習慣、理想和缺點等，待一切都交代清楚之後，才開始講故事。當然，這並不是一種好的寫作技巧，可是他那有力而生動的刻劃，會使你不再在意在開端時忍受的沉悶與不耐了。

他的「人間喜劇」包含著六組生活素描和兩組研究：第一組是個人生活素描，最著名的有「費爾米呵尼夫人」、「三十歲的女子」、「惡貓之屋」、「頁頁爾上校」等；第二組是地方生活素描，如「歐貞尼・代朗代」、「玩世者」、「老小姐」、「古物陳列室」、「幽谷百合」等；第三組是巴黎生活素描，如「高老頭」、「凱撒比洛多的盛衰」、「表妹貝德」、「表兄蓬斯」等；第四組是政治生活素描，如「恐怖時期軼事」、「呵爾衛斯的使節」等；第五組是軍人生活素描，如「舒昂黨人」、「討伐」、「紅色旅館」等；第六組是鄉村生活素描，如「鄉村醫生」、「鄉村牧師」、「鄉人」等。「鮫皮」、「絕對的探求」等屬於哲學的研究，而「結婚心理」與「夫婦生活的小悲劇」則屬於分析研究的範疇。

「高老頭」與「歐貞尼・代朗代」被譽爲巴爾扎克的最佳傑作，這兩本書不但具有了所有巴氏寫作的優點，而且沒有其冗長的缺點。這位自稱爲「文學界的拿破崙」具有「快活的野豬」的外號的作家，由於工作過度，五十一歲就與世長辭了。

十七 斯坦達爾（Stendhal 1783-1842）

在十九世紀浪漫主義潮流中，斯坦達爾是孤立、特異、無派可歸的。雖然他也具有某些浪漫主義的特性，如注意愛情、痛恨十七世紀的浮誇習尚等，可是他以寫實主義的手法來寫作，並把心理分析應用到人物的描寫上。他注重事實的每一細節，對環境的變化，事件的展開，以及人物心理的活動都是不厭其煩地予以精細分析。如此，他以浪漫主義兼寫實主義的姿態，爲當時的文壇開闢了新的紀元。

他生於法國東南部的格爾納布爾，本名馬利・亨利・白勒(Marie Henri Beyls)，父親是一個富有的律師，他七歲喪母，十三歲入該地新設立的中央學校讀書，在這裡他開始閱讀莎士比亞的作品，愛不釋手，而莎士比亞成爲他一生中最喜愛的一位作家。

他曾經隨著拿破崙的軍隊遠征義大利及俄國，以隨從武官名義到過德國，而一八一〇年至一八一一年他是巴黎國會中出色的見習官。至拿破崙失敗，他放棄各種行業專門從事寫作，到一八三一年發表「紅與黑」，一八六八年發表「帕爾瑪宮闈秘史」，這是他最成功的兩部小說，都以心理描寫和性格分析著稱。

斯坦達爾似乎沒有創造故事的天賦，他的「紅與黑」的材料是取自當時引起大家注意的一樁法庭案件的新聞報導：一個年輕的神學院學生，為人家做家庭教師，他誘姦了第一家的太太，又誘姦了第二家的女兒，而由於聲名狼藉，被解雇，又沒有一家神學院要他，為求報復，他槍殺了第一家的太太，再開槍自殺。斯坦達爾的文筆簡鍊，把要說的盡可能清楚地寫下來，沒有一點虛飾，很少有景物描寫，這是一種冷酷、清晰和自我控制的格調，出奇地增加了故事的恐怖性。

在「帕爾瑪宮闈祕史」中有關滑鐵盧大戰的描寫，使托爾斯泰說：「我是從他那裡才懂得什麼叫做戰爭的」。

十八 福樓拜爾（*Gustave Flaubert* 1821-1880）

「無論我們想說什麼，只有一個名詞能夠代表它，只有一個動詞能夠表示它的動作，只有一個形容詞可以形容它。我們必須找到這個名詞、動詞或形容詞，絕不可得其近似而滿足，絕不可利用語言的技巧來避免困難。」——這位被譽爲法國第一位寫實主義作家如此提出了文學上有名的「一語說」。

福樓拜爾在寫作技巧上堅持三個原則：詳盡地描寫、客觀的態度，與文體的優美。對於每字每詞都力求其恰切，往往爲一個字推敲幾個小時，他的文筆是簡明、正確的，態度是冷靜客觀的，他毫不表露自己的情感和意見地把生活的一面或一角詳盡地展示在你面前，可是當你讀完之後，從這些生活的描寫中，你將領會出那些使他寫這些的什麼。

福樓拜爾生於法國北部的里昂，父親與哥哥都是醫生，他最初是學法律，可是巴黎與法律都使他感到厭惡，而疾病使他從旅行尋求精神上的安寧，他到過南歐、非洲及近東諸國，最後回到家鄉，過著隱士的生活，開始寫作。

他一生作品不多，這與他對選詞用字的嚴格當然有關，不過每一部作品都是世界文壇上的傑作。

「包法利夫人」是寫實主義的代表作，可說是文學史上劃時代的作品。主角「愛瑪・包法利」是一個生活浪漫、好夢想、愛虛榮的女性，她一生不擇手段地追求她的夢境，可是隨了夢的幻滅，她一次再次地跌在使人氣悶的現實裡，最後，選擇了墳墓。

「情感教育」是他另一部巨著，「薩郎波」是以歷史上有名的眉爾色諾人反抗加大日為背景的歷史小說，另外還有「聖安東尼的誘惑」、「波華爾和貝格席」和「短篇小說集」。

十九 龔果爾兄弟（Edmond de Goncourt 1822-1896 Jules de Goncourt 1830-1870）

龔果爾兄弟從幼年時就很友愛，成長後又都走上了文學的路子，而著作都是共同創作，以兩人的名字發表，在文學史上稱爲龔果爾兄弟，他們兩人都愛好古玩，並潛心於美術與社會史的研究，一面對美術（特別是十八世紀末葉的）作精細的調查，一面又從社會風俗上以證明時代的變遷，計著有：「大革命時代法國社會史」、「革命專政時代」等，也有關於藝術的研究的。

自福樓拜爾的「包法利夫人」出版後，他們兩人便開始寫小說，他們的寫作方法是各人寫好一頁，然後互相比較，選擇後合成一頁。哥哥愛得蒙大膽而有眼光，弟弟玉爾的文華清麗而生動，不過，大致說來，兩人在風格上極相近，故並看不出什麼痕跡來。他們的小說主要的有：「文人」、「日米尼・拉瑟特」、「馬乃特撒樓蒙」等。

玉爾死後，愛得蒙從悲傷中甦息過來之後，仍然繼續寫作，修改了藝術的研究，並發表了一本「艾麗賽姑娘」。「艾麗賽姑娘」把我們帶進一個醜惡的社會裡，自此以後，法國的寫實主義開始描寫眞實事物中最低微的事件。他晚年捐出全部財產，創立了龔果爾學院，給藝術而寫實的最佳小說作者一筆龔果爾獎金。

在理論上，龔果爾兄弟與一般自然主義派大致相同，他們注重平民生活，客觀的觀察，生理學、病理學上的影響。但是他們卻知道要把純客觀的眞理寫出來是不可能的，因此他們便只求忠實地記錄他們的印象，這便是印象派小說的開始，爲了正確地表現出他們的印象，龔果爾兄弟在小說裡常使用許多奇特的字和非常的句法，故他們的文字比較難懂。

二〇 左拉（*Emile Zola 1840-1902*）

這位自然主義文學的建立者與實行者生於巴黎一個貧困的家庭裡，七歲即失去父親，日子就更加悲慘了。十八歲到法國南部的馬賽求學，第二年轉入巴黎的聖路易學校，而不久即因經濟困難而離開學校，在爲友人介紹得到一個在書店裡做包裝員的工作之前，有兩年過著身無分文的慘日子，待他的好學不倦爲出版商所賞識後，他被擢升爲書記，又轉到廣告部，而他的文學天賦也從此時起漸漸得以開發，終而辭去出版社的工作，在「非加羅日報」任文學批評副編輯，後又因其對浪漫主義猛施攻擊，被報館免職，爲了生活與一家書店訂約，由書店供給他生活費用（十年），而他每年爲書店寫兩本小說，這段安定的生活使他得以發揮他的天賦。

依左拉的觀點，小說必須像在實驗室內似地反映出對事物的研究與觀察的過程，小說內的人物必須有其心理學、社會學與遺傳學上的依據，小說的背景不但要與人物相配合，而且能代表時間與空間的一片段，而人物的行爲該是他們的個性與環境相互影響下自然綻放出的花朵。如此，小說成了對書中人物的出處與發展的研究，也是法國當代社會的研究；作者無權對事物予以剪接選擇，只能把在眞情實況下可能發生的一切一古腦兒都寫進去。

他的大著作有：「盧貢・馬加爾叢書」二十卷，「三大名城」三卷，「四福音書」四卷。在「盧貢・馬加爾叢書」裡，他從自然主義的見地，依據遺傳的理論，把帝制時的法蘭西社會，予以忠實的描寫，從二十八歲發表第一卷起，到全部完成歷時五十三年，其中最好的是第七卷「酒店」與第九卷「娜娜」。

「酒店」是寫巴黎工人在貧窮中的悲慘生活，他們雖然有時也有個理想，也有改善生活的意圖，可是缺少與環境抗衡的毅力與決心，最後還是墮入罪惡中：縱酒、放浪、墮落，在貧窮與罪惡的漩渦中苟延殘喘，連下一代也拖了進去。

「娜娜」是個美艷但無靈魂的妓女，她以她的美色與魅力使男人們環繞著她，許多男子都因她弄得聲敗名裂，傾家蕩產，最後是以她染上天花而死來結束了這場悲劇。

八 愷撒（Georg Kaiser 1878-1945）

在第一次世界大戰後，以德國爲中心，世界文學界與藝術界出現了一種新的運動，名之爲表現主義 (Expressionism)。表現主義是反抗自然主義與新浪漫主義的，積極而眞實地表現事情的眞實，探索至事物的內裡，不注重表面形像的描繪。愷撒首先採用表現主義的手法來寫戲劇，可說是表現主義戲劇的創始者。他運用樸素的線條，連續不斷的富有生命力的動作，經濟到不能再經濟的語句，抓住全部人生，表現給觀衆看。他創造人物、環境，以及全劇從頭至尾一貫的氣氛，且能免除狹義的局部牽制，以使整個劇本渾然一體。

愷撒生於德國馬得堡 (Magdeburg) 的鄉下，父親經商，他從學校出來後，曾習過三年商，受父命到南美洲經商，因水土不服歸國，後又漫遊義大利、西班牙。

他寫小說，也寫詩，不過以戲劇的成就最高。

「卡萊的市民」(The Citizen of Callis)於一九一七年上演，使他名列第一流戲劇家之列。題材選自古代英法百年戰爭，藉英王愛德華第三向卡萊市民要求六個市民爲市犧牲的故事來表現人道主義的精神。戰勝者愛德華第三派使者到卡萊城宣佈，如果卡萊城能犧牲六個市民到英軍營裡去，卡萊城便可解圍，有七人自動請願效命，遂決定遲到者可不必去。

當第二天清晨，六人齊到集合點會齊時，我們很可能已經爲他們的精神所感動了，而當鼓舞這義舉而爲怕遲到而自殺身死的「埃斯泰希」的棺材呈現在我們眼前時，他那偉大的人格卻使我們覺得自己渺小。

「從清晨到夜半」也是一部著名的戲劇，表現人類幸福的關鍵絕非金錢這主題，以富感情勝。

九 雷馬克(*Erich Maria Remarque 1898-1970*)

在描寫手法上,雷馬克是一個寫實主義者,可是他的寫實主義與過去的寫實主義不同,過去的寫實主義是純粹用冷靜的態度來觀察事物,然後據實寫出來,而雷馬克卻在描寫中包蓄進去大量他個人的性格與觀點,故雷馬克的小說,可以說是主觀的寫實主義小說。他所用的文字,極其簡潔,富幽默意味,描寫景物,粗枝大葉,卻極有韻味,刻劃人物也只是淡淡幾筆,卻能給人以鮮明印象,而隨了故事的進展,書中人物在讀者眼前會越來越明顯、擴大,終而連讀者也包容進他所描寫的世界中了。

雷馬克生於德國的奧斯納布呂克(Osnabruck)城,這是一個於法國大革命後移居萊茵河區的法國家族,父親是書籍裝訂商,全家都信奉天主教。雷馬克幼時在本城讀高等學校,十八歲奉召入伍,加入德軍,時值第一次世界大戰,雷馬克被調往前線作戰，曾受傷五次，最後一次非常嚴重。戰後退役，曾受師範訓練，教過一陣子書，後又曾從事過石匠，練習駕駛員等職業，後來成爲頗具名氣的「運動畫刊」的助理編輯，工作之餘即開始寫那部孕育已久的「西線無戰事」。出版後，公認爲劃時代的作品。

雷馬克精力充沛，體格俊偉，卻不願在公共場所露面，怕出名；有錢之後，退隱至瑞士瑪若麗河畔休養。及至納粹當政，被放逐出境，並下令焚燒他的作品，指他爲猶太人，取消其德國國籍。他於一九三九年抵達美國，僑居在洛杉磯。

他的第一部作品「西線無戰事」(All Quiet on the Western Front) 是一部反戰的作品，他以描寫戰爭來激發人們對戰爭的厭惡，而厭惡戰爭就可防止戰爭。

在他寫「凱旋門」(Arch of Triumph) 時，他的觀念已進一步提出除去厭惡戰爭之外，還該熱愛人生。故事是寫在第二次世界大戰德軍進攻巴黎之前，一個德國難民在巴黎的五年遭遇；藉著書中「雷維」與「喬思」兩人的戀愛故事，刻劃出二次大戰前歐洲社會的紛擾，納粹的專橫毒辣與流亡者悲慘的命運。

除上面所述兩部作品外，尙有「退路」(The Road Back)、「三伴侶」(Three Comrades)、「流亡曲」(Flotsam)、「生命的光輝」(Spark of Life)、「春閨夢裡人」(A Time To Love and A Time To Die) 等。

俄國

一 普式庚（*Alexander Pushkin 1799-1837*）

普式庚是俄國第一位揚名世界的文學家，他寫詩，也寫劇本，大部份是以韻文，在抒情詩方面，他有著豐富的韻律感與敏銳的感受力，他以精確有力而優美的文字，表達出日常生活中的事事物物，給予它們更深刻的象徵意義；他如拜侖般地歌頌自由，向統治者挑戰，被稱爲「俄國的拜侖」。

普式庚出身於舊俄時代一個貴族家庭，生性愛好自由，過著放蕩不羈的生活，他的愛好自由極爲當時政府所不容，曾被放逐至邊遠的南方，在軍隊中屢遭貶降後被開革，可是他的作品卻使他成爲民衆心目中的英雄。於三十八歲時，爲了他美麗卻不淑的太太與人決鬥而死。

他的著作甚豐，除去那無數的抒情詩之外，最重要的有：考克西亞之囚 (The Caucasian Prisoner)、吉普賽人 (The Gypsies)、和兄弟強盜 (The Brother

Robbers) 這三首長敍事詩曾爲他贏得了「俄國文學之獅」與「俄國的拜倫」的稱號：「英琴・歐妮琴」(Eugen Onegin) 是當他在南俄時期完成的一部以韻文寫的小說，是第一部能夠刻劃人物的性格，逼眞地表現場景的俄國小說，被稱爲俄國的第一部小說；他還註釋過聖詩、可蘭經，重寫民間故事等。

普式庚的詩很多被譜成樂曲，柴可夫斯基曾說：「他的詩就是音樂」。

二 屠格涅夫 (*Ivan Sergeyevieh Turgenev 1818-1883*)

在俄國文壇上，屠格涅夫扮演了一個雙重的重要角色：提倡西化與使西歐認識俄國文學。

出生於一個富有的地主家庭裡，他曾經就讀於莫斯科與聖彼得堡等地的大學，後又隨當時的習尙遊學柏林；在巴黎他也曾待過，在那裡他結識了福樓拜爾等文學家，對他的寫作有莫大的影響。而這種四海爲家的生活經驗使他能夠明確地看出俄羅斯生活與西歐進步的對比。

「獵人日記」(A Sportsman's Sketchcs 1852) 使他揚名全國，這本以描繪農奴生活爲主要題材的短篇小說顯示出他有著高度地寫作技巧，不管是把捉和表現事物的細節上，或是人物的刻劃上都有能給人以深刻的印象。這是第一本客觀地映現農奴生活的作品，而從那些染有微微的傷感或憂鬱的文字裡，我們不難窺出作者對農奴的同情。政府官員們對這本書的反應是將屠格涅夫放逐到他自己在鄉下的農莊上過十八個月，待他重回聖彼得堡時，他已成文學之獅俄羅斯寫作界的領導人物。

接續出版的作品有：羅亭 (Rudin, 1855)，貴族之家 (A Nest of Gentlefolk, 1858)，前夜 (On The Eve, 1861)，父與子 (Fathers And Sons, 1861) 等。「父與子」是屠格涅夫的傑作，內容涉及科學的物質主義、農奴制度、社會改革、虛無主義等，不過其主題卻是「青年與老一輩之間的衝突」這老主題。出版後，一般他自認爲同夥的知識階級與激進派卻不喜歡書中的男主角；屠格涅夫對這反應極爲重視，竟使他因之去國二十餘年。

在他逗留西歐的二十餘年中，他仍然繼續寫作，寫作材料多從童年的回憶與經驗中找，像「煙」(Smoke, 1867)，處女地 (Virgin Soil, 1876) 等作品可作代表。

他曾經這樣形容自己：「我是一個寫實主義者，而主要的興趣在人類生活的眞理，我不信專斷與制度，我愛自由甚於一切」。而他畢生即以一種審愼的態度來表達這信念。

三　杜斯妥也夫斯基（*Feodor Dostoevski 1821–1881*）

「杜斯妥也夫斯基是一個偉大的小說家，也是一個稱職的小說家，他最會有效地把一個情景戲劇化。我可以指出一個他喜歡用的挑起讀者感應的方法：他把故事中的主角們放在一起，讓他們討論若干奇怪得令人難以理解的事，然後再慢慢地讓你了解，好像是解剖一件犯罪的神祕似的。」英國小說家毛姆曾如此批評這位俄國十九世紀最偉大之一的小說家。

杜斯妥也夫斯基生於莫斯科一個貴族家庭裡，父親是一個外科醫生，對子女管教極為嚴厲，自小就訓練他們吃苦受難，以準備接受生命的責任和義務，沒想到杜斯妥也夫斯基竟成長為一個揮霍無度不善理財嗜賭如命，終生在債台上打滾的人，而他自己也由於過於嚴厲，為自己的農奴所謀殺。

雖然杜斯妥也夫斯基自小就顯露出文學傾向，卻入了軍事工程學校，至畢業後又服務期滿才開始寫作。他的第一部作品是短短的「窮人」(Poor Folk, 1846)，一出版就給他帶來了成功，可是他參加了一個理想主義的社會改革社團，被捕後被判死刑，可是在刑場上得到沙皇的赦令，改判放逐西伯利亞，在西伯利亞做了五年苦工後，再被派遣入軍隊充當一名小卒，直至一八五九年才被赦，這段辛酸的經歷加深了他的癲癇症，也改變了他的態度。——他不再是一個革命黨人，而是一個皇權與現存政制的擁護者；他認爲人需要悔改，需要從受苦中求解脫。

回京都之後，他與哥哥創辦了一份名「時代」(Time)的文學雜誌，他的「死人之居」(The House of the Dead, 1862)和「被侮辱和被傷害的人」(The Insulted and Injured, 1861)都曾在該雜誌上刊登，甚得好評，而經濟情形也寬裕起來，使他能夠到西歐一遊，可是他對西歐的印象並不好。自那以後，他成爲當時俄國的西化運動的反對者，信奉了大斯拉夫主義，認爲只有俄國人與希臘正教才能拯救人類。

自「時代」爲政府查封後，他一直在困境與借貸中度日，爲還債與麵包而寫作，「罪與罰」(Crime and Punishment, 1866)與「賭徒」(The Gambler, 1867)就是在這種情形下以高速度完成的。可是他的債是還也還不完的，而多少錢才夠他在牌桌上輸！在這種貧病交加、迷戀於賭的情形下他又完成了兩本長篇小說：「白癡」(The Idiot, 1869)與「所有者」(The Possessed, 1871)。

回國後，他的名氣已與屠格涅夫、托爾斯泰齊，而他的保守主義使他得到官方的信任，他主編過一年官家雜誌「公民」，集所發表的短文爲「一個作家的日記」，又寫了「乳臭未乾的青年」，最後寫了被毛姆認爲是世界十大小說之一的「克拉門索夫兄弟們」(Brothers karamazov, 1880)。當他於一八八一年突然逝世時，他已爲當代最偉大的作家們所崇敬。

他的作品多冗長，文筆拖泥帶水，可是主題的偉大與寫作的技巧使它們引人入勝。

四　托爾斯泰 (*Leo Count Tolstoi 1828-1910*)

提起托爾斯泰，大家必定想起「戰爭與和平」這部巨著。毛姆說它是有史以來最偉大的小說，前此沒有一本小說題材這樣廣泛，描寫的一段歷史這樣重要，人物這樣衆多。俄書評家史屈拉克霍夫的意見是：「是人生的全貌，是當日俄國的全貌，是所謂人民歷史與人民掙扎的全貌，在其中人們可以找到他們的快樂和偉大、憂鬱和屈辱。」這本書中有五百多個人物，各有各的強烈個性，都活靈活現地出現在讀者面前，尤其是女主角「娜泰夏」，他塑造了一個最使人神往的女孩子，兼具了一切使一個年輕姑娘的可愛的缺點與優點。

托爾斯泰出身貴族，曾入過兩所大學，可是都沒有拿到學位；他從軍，參加過克里米亞戰爭。當他在高加索和薩巴斯托泊爾時，曾寫過不少素描和故事，也寫過兒時和青年時期的遭遇，都曾在一家雜誌上刊登，甚得好評，使他戰後到聖彼得堡時，爲文學圈子的人所歡迎，可是他不喜歡他們。去歐洲的旅行使他對西方的物質主義愈其不信任，與杜斯妥也夫斯基同樣地，他是堅決地反對俄羅斯西化。

爲當時自由主義的思潮所推動，當他從大學回到家鄉後著手解放自己田莊上農奴的計劃，可是農奴們疑心有他而拒不接受。當他在軍隊中過了幾年醇酒、美人、賭博的放蕩生活後，他又重回到家鄉，爲改善農奴的生活而努力，他辦學校，教農奴的子女們，爲他們編書，陪他們遊戲。這學校並不成功，不久即關門。托氏則居住在他的田莊上，騎馬、打獵、看管田莊，也寫作，「戰爭與和平」(War and Peace, 1802-1869) 和「安娜・卡里妮娜」(Anna Karenina, 1875-1877) 就是在這時間完成的。此時他已結婚，太太宋雅美麗能幹，爲他生了十二個孩子，照應家事，且爲他抄文稿；他已相當出名，財產也日漸增加，可是他卻感到精神上的苦悶，漸漸地叛離了俄國正教，擁護一種原始的基督教理想，倡導人道主義，把田產分贈給農奴，自己與農民生活在一起，下田耕作，甚至請人教他做鞋子，因爲他認爲只有靠勞力賺來的錢才是道德的，可是他做的鞋子送給人家，人家都不肯要！他的晚年就是在這種自苦的情況下過的。他的著作也多爲宣揚他的宗教精神與人道主義思想的文字，這些作品爲他贏來了千千萬萬的信徒，而「克勞色奏鳴曲」(The Krentzer Sonata, 1889) 與「復活」(Resurrection, 1900) 仍然是不朽的文學巨著。

五 高爾基（*Maxim Gorky 1868-1936*）

這位與俄國的革命常混爲一談的俄國文學家原名爲Aleksei Peshkov，出身於一個鄉下的貧苦家庭，七歲父母去世，九歲即須自謀生活，十二歲時自殘酷的親戚那裡逃跑出來，開始過流浪生活，他足跡遍全俄，幹過無數種行業，處過各種環境與人物，這些經歷供給了他以後寫作的題材，也促成他對社會革命的積極態度；而他的態度使他在革命後的蘇聯文壇上享有不朽的地位。

高爾基是個連一天學校都沒進的作家，他的寫作能力完全是從個人自修中磨鍊而成。他的作品大致可分爲三個階段：在三十歲以前，他以一些以他流浪的生活爲題材的短篇小說引起文學界的注意。在這些作品裡，他對貧苦不幸的俄國貧民懷著深摯的同情，透過他們那污穢的外表，他看到某種價值、尊嚴與足以拯救他們的人性。像「柴爾克史」(Chelkash, 1894)、「一個秋日的夜晚」(One Autumn

Night, 1894)、「老婦伊則吉爾」(Old Woman Izergil, 1898) 等是此時期的代表作。

在第二時期中，他的作品多爲描寫下層階級人民的墮落、醜惡、與不道德的小說和戲劇。這些作品多是陰鬱的、寫實的、充滿了哲理的，故事的情節常因人物探索生命的意義而間斷；高爾基對這些人雖然是懷著同情，卻也不留情地予以嘲笑諷刺。「沉淵」(The Lower Depths, 1902)「市民們」(Smug Citizens, 1902) 與「夏季的人們」(Summer Folks, 1905) 是代表作。

許多評論家認爲高爾基最好、最精鍊的作品多完成於第三時期。在這時期中的作品裡所顯露出的那種前所未有的思想上與觀念上的成熟使他成爲一個熱愛國家與人類的作家。他相信只要有適當的指引，人類終會戰勝自身的愚昧與不幸；他歌頌的人類，是將來的人類；他的寫實主義是展望至將來的新現實主義。「童年」(Childhood, 1913)、「托爾斯泰回憶錄」(Reminiscences of Tolstoy, 1919)、「我的青年時代」(Reminiscences of my Youth,1923)、「回憶錄」(Recollection, 1925) 等爲代表作。

義大利

一　但丁（Alighieri Dante 1265-1321）

在文藝復興時代，世界文學中最具代表性的人物要算義大利的但丁了，他與希臘的荷馬、英國的莎士比亞、德國的歌德合稱爲世界四大詩聖，他用被視爲俗語的義大利文寫作，使義大利的文學脫離了拉丁文的束縛，創立了義大利的國語文學。

他生於義大利的佛羅倫斯，父親很早去世，母親對他的教育極爲重視，初就讀於拉地尼，後又至伯圖亞、波洛納、巴黎等處大學求學，學希臘羅馬文學、神學、哲學、天文學、博物學等，對惠奇爾的詩自幼年即能成誦。他是一個非常熱情的愛國者，他曾經參加軍隊，作過戰，又參加歸爾夫黨（擁護教皇掌握政權），於歸爾夫黨獲勝後被任爲佛羅倫斯共和國的行政官，後歸爾夫黨分裂，他以挪用公款及違反教皇的罪名被放逐出國（一三〇二年），開始了他的漂泊他鄉的生涯，不過，也給予他發揮寫作天才的機會。

他的第一部重要作品是「新生」(Vita Nouva)，是一部抒情詩，記敘他對他那位心靈中的淑女貝德麗絲(Beatrice)的熱情，他九歲時隨父親到鄰居的富翁家參加迎春祭典，偶然遇見富翁的九歲女兒貝德麗絲，他們雖然沒有交談，而這位詩人卻宣稱「從那天以後，愛情竟主宰了我的靈魂。」他們並沒有交往，後來各自結婚，可是貝德麗絲一直是但丁「心靈中光榮的淑女」，他把她視作一個女性的美和愛的象徵，而把爲她所引起的熱情，一一記錄在詩歌裡，使她的名字由於他與他的作品而成爲不朽。

「神曲」(Divine Comedy)是但丁的最重要的作品，全書分爲三部：地獄篇、淨土篇、天堂篇。計一百章，共一萬四千二百三十三行。內容非常複雜，包括了但丁以前和他自己周圍的一切現實與傳說的事實，以宗教思想作主幹，以他豐富的想像爲羽翼，利用了各種象徵與譬喻，把一個宗教中的抽象世界描寫得又具體又逼真又精細，使人感受到所謂地獄的那種悲苦。

他在二十八歲時與一貴族女子結婚，生了兩個兒子：披曲羅(Pietro)與喬可波(Tocopo)，都曾替他父親的名著作過注釋。

二 薄伽丘 (*Giovanni Boccaccio 1313-1375*)

被稱爲義大利散文之父的薄伽丘也是熱情的抒情詩人，敘事詩也極爲傑出，他是第一個爲但丁與皮特拉奇 (Petrarch) 寫傳記的人，文藝復興時期對希臘文學研討的熱潮也有賴他與皮特拉奇的倡導。

他原是佛羅倫斯一個商人的私生子，自幼即從父親學商，十幾歲即被遣往那不勒斯從商，後又學過一段時期法律，可是他的興趣是在文學，在他還未成名時，經常嘲弄地說：「要是我父親任我個性發展的話，我可能已成爲一個有名的詩人了。」

他在二十五歲時愛上了一位名瑪麗亞的少婦，他像但丁一樣地把她理想化了，爲她取名菲安滿達 (Fiammetta)，而且與她同居。雖然他們不久即發生糾紛而離開，後來黑死病又奪去了瑪麗亞的生命，這段愛情卻激發了薄伽丘的寫作天才，給予他寫作靈感，使他寫出了不少熱情洋溢，對後世有極大影響的傳奇小說。

「十日談」(Decamerone)，是他的傑作，完成於一三四八——一三五三年，此時他已邁出了年輕時那熱烈的激情，他開始冷靜地來觀察事物，以詼諧精巧的筆觸把它們描繪下來。書的結構是敘述一三四八年佛羅倫斯大疫時，有七個大家閨秀與三個富家子跑到鄉間別墅內避疫，他們於玩賞風景和結伴歌舞之餘，互相講故事自娛，每人每日講一個故事，共住十天，計有故事一百篇，故名「十日談」。故事的範圍從諷刺、滑稽以至愛情無所不有。從這些故事中薄伽丘表現出他雍容、樸素、精確的文體，及有力的結構。而自「十日談」之後，西洋文學再不是以韻文為主了，「十日談」不但提高了散文的表現力量，而且開始了小說的紀元，它給西洋文學的影響極大，像英．喬塞、莎士比亞，法國的 Fabliau 體小說，德國的萊辛(Lessing)都從中吸取過寫作源泉。

晚年結交皮特拉奇，致力於希臘文學的介紹，成為文藝復興時期重要人文學者之一。

三 曼佐尼 (Alessandro Manzoni 1785-1873)

曼佐尼富有各種文學天才，他是詩人、小說家、戲劇家。他的小說「訂婚者」(The Betrothed) 被認爲是僅次於但丁的「神曲」的義大利小說。

他成長於巴黎，使他有機會接觸法國的初期浪漫主義運動，待回到義大利之後，寫了不少美麗的抒情詩，歌頌讚美天主教，總稱爲「聖歌」。「五月五日」(IL Cinque Maggio) 是爲拿破崙之死而寫的政治詩，也極爲有名。「卡馬諾拉」(Carmagnola, 1820) 與「阿特爾齊」(Adelchi, 1822) 是他的兩部歷史劇，在寫作技巧上打破古典派的三一律，可說是浪漫派戲劇的代表作，讀起來意味深長，可惜不太適於舞台表演。

他的最著名的傑作是長篇歷史小說「訂婚者」。雖然深受英‧司各脫的影響，卻在深度與寬度上都超越了司各脫的作品，他認爲歷史小說不當在正史上取材，應該描寫該時代的民間生活。他這本書的故事極爲簡單：一對已訂過婚的鄉村愛人，經過了許多波折、阻撓後，終結爲夫妻，可是曼佐尼是一個歷史知識極爲豐富的作家，他採取了一六二八至一六三一年義大利的復國爲背景，中間緯以政治、戰爭、瘟疫等事件，對當時義大利的強盜生活、牧師與教會生活、戰亂瘟疫中的生活……都有極爲美麗逼眞的描述，對人物性格的刻劃也極爲精細恰切，歌德曾讚美這書曰：「它如熟透了的果子，使我們滿足。」

四 亞米契斯 (*Edmondo de Amicis 1846-1908*)

提到義大利的亞米契斯大家必定想到「愛的教育」，想到讀著它時所受的感動。這本以日記體裁寫成的小說已成爲全世界少年的恩物，每一位關心教育的父母或師長都極力地把它介紹給孩子們，因爲它是以人生諸相爲題材，以愛爲基礎，當他們接觸到那些眞摯而崇高的人與人之間的自然感情時，會不由得被激發向上。

當他寫這本書時，已經四十二歲，此時，他對於人生已有相當的認識，有關子弟的教育、家庭與學校之間的關係、教師與學生之間的關係、以及父母之愛、朋友之誼、愛國心與民族精神等都具有深切的了解了；他把這些藉一個義大利小學生的日記予以個別而深入的發揮，連起來是「恩利科」在三年級時幸福快樂而收穫豐富的一年生活，分開來，卻是一篇篇描寫不同主題的散文，文字平平實實，卻能抓緊讀者心靈，眞不愧爲不朽之作。

除了「愛的教育」，亞契米斯還擅長寫遊記，他曾漫遊世界各地，寫遊記多種，其中最著名的是：西班牙（一八七三）、荷蘭（一八七四）、君士坦丁堡（一八七七）、摩洛哥（一八七九）等。以景物描寫見長。

亞米契斯生於義大利利哥拉州(Ligurla)，在古尼奥(Cuneo)和丘林(Turin)進過學校，後又入陸軍學校，一八六六年從軍作戰，在軍營裡開始寫小說，常在義大利軍報發表，他的「諾威爾」(Novelle)和「布色特」(Bozzetti)首次發表即博得廣大的愛戴，出單行本後曾連銷數版，不久，離開軍職後即專心著述。

西班牙

一 塞萬提斯 (*Miguel de Cervantes 1547–1616*)

這位西班牙小說家、戲劇家、詩人是一個貧苦的外科醫生的兒子，在居無定處的情形下度過他的童年，未得受高深的學校教育。二十歲時開始寫詩，一五六九年隨義大利高僧阿特斐華(Aequaiva)到達文藝復興發源地羅馬，這對他的思想的發展上當不無影響。一五七〇年在西土之戰拿班多之役中受傷，左手因之終生殘廢；這位命運不濟的文學家在從義大利返國途中又爲土耳其海盜擄去，被囚五年始由親友贖出，回到西班牙。

當他於一五八〇年回國之後，西班牙對拿班多戰役中的英雄們的熱情早已成爲過去，事實所示，他必須選擇一種職業。他一直相信通往財富與榮耀的道路只有兩條：文學與武器。三十三歲的塞萬提斯環顧自身，深知比二十二歲時並沒前進多少，於是他不顧一大家人口還在等待著他養活，毅然選擇了寫作爲生命的事業。

可是他的詩缺少靈感，他的劇本得不到劇場的歡迎，而他的田園小說，只不過是另一些刻意修飾的田園小說。迫於現實，他在財政部裡得了個代辦的職位，可是他存放公款的銀行倒閉，使他入獄。出獄之後，他即著手寫「唐・吉訶德傳」(Don Quixote de la Mancha)，上卷於一六〇五年出版，一年之內便重印了六版，足證流傳之廣了。他自己曾說：「孩子們撫弄它，少年們唸它，大人們了解它，老人們讚賞它。總之，它已進入世界上每一個人的心中，當人們看到一匹瘦馬時，會說：『看，羅西南特來了！』」

他又寫過不少劇本、短篇小說、詩歌等，都不甚成功，最後聽從友人勸告繼續寫「唐・吉訶德傳」下卷，完成後即去世。雖然他一生在貧困中度過，總算在生前享受到了他所渴望的聲譽。

「唐・吉訶德」雖然是一部諷刺中古時代騎士制度的書，可是並不止於此，透過吉訶德主僕二人的際遇，塞萬提斯把當年西班牙的社會全景介紹給我們，其中有各種人物，都描寫得鮮明活潑，雖然到處都是笑料，卻使我們一面笑一面懷著同情，尤其是對那個由於讀傳奇故事而著迷的男主角，我們笑他、同情他、同時也讚賞他，因爲他懷著怎樣一種勇往直前的精神與絕不動搖的信仰哪！

二一　莫泊桑（*Guy de Maupassant 1850-1893*）

提起莫泊桑，我們首先會想到他那簡明流暢的文體。他曉得如何選用最重要的人物與場景以最恰當卻又簡明的文字生動地表現出所欲表現的，他以三百餘篇短篇小說爲世界作了一個冷靜客觀又深刻的畫像，像所有自然主義者一樣，他完全站在旁觀者的立場描述人間的事件，不加批評，也不動情。

這位被譽爲短篇小說之王的文學家是在服完兵役當了公務員之後才想起來要試著寫作的。福樓拜爾是他家的世交，於是他成爲福樓拜爾的徒弟，在其後七年中，他辛勤地學習，認眞地遵守著福樓拜爾的恰切地選字用詞的信條，學到了不少自然主義者的寫作技巧，也結識了不少自然主義的朋友：都德、左拉、屠格涅夫等。

他的早先志趣原在寫詩，於一八八〇年出版了一本名爲「韻交集」的詩集，法國政府曾認爲其「思想頹廢」而欲加以禁止。同年，應左拉之邀，爲其主編的短篇小說集「梅丹之夜」寫了一篇名爲「脂肪球」的中篇，從一個普法戰爭中的小故事來暴露人類的自私，出版後立即震撼文壇，被視爲天才。自那以後即全力致力於短篇小說的創作，散見於各報章雜誌。

除短篇小說外，還著有「她的一生」、「好朋友」、「二兄弟」及「人心」等長篇小說，都是法國小說中完美的作品。

「她的一生」是以第三人稱的筆法寫出一個女人經過了一連串希望的幻滅的悲哀。她生長於幸福的家庭，對愛情與生命編織著美麗的幻夢，她嫁了一個漂亮的僞君子，他自私、殘暴、慳吝、虛僞、貪婪，而不懂得愛情，她失望之餘，把希望建立在兒子身上，可是兒子出落成一個敗家子，使她破產，可是，莫泊桑又給了她另一個希望：兒子的孩子。「你瞧，生命雖不如人們所想像的那樣好，卻也不像人們所想像的那樣壞。」她如此自語。

二三 法朗士（*Anatole France 1844-1924*）

安那托爾・法朗士是 Jacques Anatole Thibault 的筆名，這位有二十世紀的服爾泰之稱的文學家，不止是當時最尖刻的諷刺家，也是傑出的小說家與文學批評家；還是古典學者，宗教懷疑者與社會改革者。

他所讚賞的文學批評方法是屬於印象派的——「能夠述說出他的心靈在傑作中的探險的才是好批評家——，可是他的文學批評著作「文學生涯」（Literary Life 1888-1892）卻是以古典主義爲圭臬，以人文主義爲標榜的。

他所諷刺的對象多爲基督教與社會現象。他抱著懷疑的態度研究早先基督教中聖徒與殉道者的內在因素，寫成「泰綺絲」，書中除對苦修士「法非愚斯」的心理有極深入透徹的分析外，還發揮了許多有關宗教、善惡、眞理等的理論。

Penguin Island(1908) 是一篇意義深刻的寓言，諷刺法國當時的政治、宗教、藝術等。「現代史」(Histoire Contemporaine) 共有四部，是揭露社會弊端或怪現象的作品。「天使的革命」(The Revolt of Angels 1914) 內充滿了哲理的幻想。「蓬那特的犯罪」(LcCrime De Sylvestre Bonnard) 是具備了法朗士所有特質的一部傑作，書中敘述一個名叫蓬那特的考古學家拯救少年時戀人的孫女的經過，故事梗概簡單，可是那些有關少年的幻想及壯年的哲學思想使故事有了深度與內容，也使作者得到了殊榮。

總之，法朗士雖然是諷刺家，可是他的態度是同情的和哲學的，而在這些諷刺與取笑之中，含著的是對美的喜愛，對人類求善心的信賴。

他生於巴黎，父親是舊書商，那些古書舊紙使他從小對古希臘文學就有相當的認識與興趣，在他的作品中，有很多是敘述希臘古典與宗教遺事的。一九二一年獲得諾貝爾獎。

二三 米爾博（*Octave Mirbeau 1850-1917*）

米爾博和左拉、莫泊桑諸人一樣，以實驗的方法，從博物學與社會學的見地去研究人類，且特別注意環境的影響與遺傳的現象。他的著作之刻劃社會人情，眞是淋漓盡致，所謂嘻笑怒罵，奇趣橫生，他批評社會的態度相當嚴厲，使文章帶有革命的色彩。他是寫實派，可是不是純粹的自然派，因爲有時會在作品裡加入他自己的理想。

他生於法國柏閱郡 (Payeux) 的特維伊耶 (Trevleres) 城，幼時居鄉間，很少與外界來往，只是閉門讀書，一八七〇年入巴黎大學研究法律，一八七五年受「秩序」雜誌聘爲編輯，爲文評議時政，文辭激烈，被解聘，自那以後即專心寫作。

他生平著作甚豐，著名的有：短篇小說「茅舍函扎」(Contes de mo Chaumlere)，長篇小說「受難的花園」(Le Jardin de Supplices)、「侍女日記」(Le

Journal dune Femme de Chambre)，戲劇「壞牧人」(Les mauvais borgers)、「公事公辦」等。

「公事公辦」對社會問題及商人的性格有極刻薄的刻劃，是寫一個出身貧窮的富商如何不顧廉恥、不講感情，專心於生意，滿足他的虛榮心，冀求更多的財產。

二四 小仲馬（*Alaxandre Dumas Fils 1824-1895*）

在今日，「茶花女」已經是本家傳戶曉的作品，音樂家把它編成歌劇，製片家把它拍成影片，而作者把它從小說改成戲劇，無論是什麼形式，在什麼時代，在世界的那個角落，都能吸引住廣大的群衆，爲那有眞情、有人性、有詩意、且也是社會問題的故事流淚。它的作者即是寫實主義戲劇的開山祖師──亞歷山大・仲馬・費爾斯。

仲馬・費爾斯是仲馬・皮爾的庶子，生於巴黎，先致力於小說創作，「茶花女」即其第一部小說，出版後風行一時，他又將其改寫爲劇本，公演之後大受觀衆所讚揚，把他捧上大戲劇家之列，這意外的成功使他發現自己的天才，便專心致力於戲劇的寫作。

小仲馬的藝術主張是：赤裸裸地表現現實社會，他反對爲藝術而藝術的論調，他認爲文學作品如果沒有求知的意味，道德的目標，理想的實現，就沒有什麼價值。這也就是他的作品總是有著宣傳與說教的傾向之因。

他是一個幻想的道德家，社會的腐化，家庭的不良組織是他攻擊的主要對象，他立志要把家庭重建在平等的、正義的愛情基礎上，他攻擊金錢，因爲它往往使婚姻成爲買賣，他攻擊男子們輕浮的風尚，他認爲男子的淫行受著社會的容忍與原諒正是家庭的致命傷；他攻擊教育，因爲它教給人們許多無益的學問，反而把男女夫妻間的義務諱而不言；他攻擊社會的成見，說它不知爲罪人著想，原諒他們的無知，接受他們的悔改；他攻擊法律，說它爲男人的自私與罪惡，往往犧牲了女子與兒童。他所用的武器就是戲劇，在三十多年劇作家生涯中，他一共寫了二十多齣戲劇，都是爲弱者吶喊，把社會的黑暗面赤裸裸揭露出來的作品。

由於太重視宣傳的作用，他的戲劇中每個人物都會演說似地來段長篇大論，而所討論的倫理問題隨了時代的改變已失去意義，這就是他的劇本流傳至今的很少之因。

他的主要著作除「茶花女」外，尚有「金錢問題」、「私生子」、「荒唐的父親」、「法朗西洪」等。

二五 綠第 (*Pierre Loti 1850-1923*)

綠第是裘連・委特 (Julien Viaud) 的筆名，出生於法國西北部的一個海港。他的家庭是一個十六世紀宗教革命時代延續下來的老世家，受宗教的薰陶很深，本打算做牧師，但是當他看到那一望無際的大海後，就把做牧師的念頭打消了。他投身海軍，過著海上生涯，到過很多地方，如波斯、埃及、土耳其、中國、日本、南北美洲、北海各地等。

他是一個印象主義者，在他看來，世界不過是色彩感情和經驗的集合體，全不管什麼道德與善惡問題。他每到一個地方，總喜歡把對異國的風光人物的印象記下來：如一片風景，一個落日，一種特別的空氣，一個典型的面孔，以及建築、服裝等，除了這些客觀的記錄之外，佔大部份的還有他自己的感想和印象。他的小說主要材料都是從日記上摘下來的，他的文筆優美細緻而生動，冷雋處常含著諷刺、憐惘的情緒則化爲溫柔的憂鬱，有一種迷人的吸引力。哈理斯 (Frank Harris) 曾說：「他爲法國小說添了一種新的空氣，爲法國散文輸入了一種新音樂。」一八九一年，當選爲法國文學院的會員。

他的作品共有十多種，可稱爲代表作的有：「我弟伊凡」、「冰島漁夫」、「菊子夫人」、「綠第的結婚」、「一個騎兵的故事」等。

「冰島漁夫」(Le Pecheur d'Islande) 是當他三十六歲時出版的，無疑是其思想與藝術最成熟的產品，以法國西部佈列東納 (Brettany) 地方爲背景，那無際的蒼茫之海，那永遠籠罩在霧裡的岩石海岸，那大西洋的怒浪，那形如尖塔的草棚，那些性情抑鬱的人群……都一幕一幕地在書中展開；而那純樸的漁夫生活，從北極海滿載而歸的喜悅與滿足，那純出於貞潔的男女戀情，……使人對人生有了更深的體會，而那悲劇的結尾，使我們的心眞的隨著那深情的「歌忒」留在那多霧的海岸邊了。

「菊子夫人」是寫作者在日本租太太的經歷，對日本的風情有極細緻的刻劃。

二六 羅曼·羅蘭 (*Romain Rolland 1866–1944*)

羅曼·羅蘭生於法國挨夫爾省的一個中等家庭裡，初入巴黎的「路易大帝中學」習科學，一八八六年入高等師範學校，專心於歷史、地理、哲學的研究。畢業後以公費到羅馬留學，負責整理法利斯宮廷(Farnese Palace)裡的公文，從這些文件記錄裡蒐集歷史資料。回國後在母校任音樂史教授。

他的文學生涯是從對於古今音樂的深刻批評和鑑賞開始，著有「貝多芬傳」、「彌蓋朗琪羅傳」、「托爾斯泰傳」，合稱爲三巨人傳。這些傳記主要的在描寫偉人們一生與命運的抗爭，表揚他們堅強的意志與無畏的精神，相當成功。其後又提倡民衆戲院，以法國大革命爲題材，作了「聖路易」、「理性的勝利」、「群狼」、「丹東」、「愛與死之角逐」、「七月十四日」等劇本，而「約翰·克利斯朵夫」使他贏得全世界人們的敬仰與喜愛，使他得到了一九一五年的諾貝爾獎。

「約翰・克利斯朵夫」可說是他一生的思想與藝術的薈萃，自一八八七年開始動筆，直至一九一二年才完成，全書共十卷，長達一百餘萬字，是一部音樂、歷史、哲學的小說，包括了現代的一切，可說是現時代的寫照。正如作者在這書的扉頁上所寫：「它是獻給各國的受苦、奮鬥而終必戰勝的自由靈魂」。他爲了發揚正義、了解生命，爲了信仰和理想而寫這本鉅著，而當我們讀過之後，無形中會增加了對人生奮鬥的勇氣，提高了情操，懂得了如何去愛我們周圍的人與我們的理想與目標。

約翰・克利斯朵夫是一個勇敢的眞理追求者、自由渴望者、正義謳歌者。爲了正義、自由與眞理，他和社會上一切的虛僞卑私作戰，和社會的惡勢力博鬥，終於掙脫了一切的束縛，從黑暗走向光明；不過結局卻是一個無結果的悲劇：在他終止的盡頭，一種新的典型的人類誕生了，他們這新生的一代才是繼他而起的，更有力量地追求自由、正義和眞理的實行家。

二七 安得烈・紀德（*Andre Gide 1869-1951*）

「以明麗的文筆，簡單的人物，敘說一個動人的故事，以深刻的心理分析提出一個道德或社會問題」。這是安得烈・紀德的小說的共通特色。

他生於巴黎一個新教徒的家庭裡，父親是巴黎大學法學教授，母親是天主教徒。十一歲時父親逝世，在母親的管教下長大；由於身體羸弱，大部份教育是在家中請私人教授得來；少年時就開始側身文人群中，參與象徵派大師馬拉梅(Stephane Mallarme)每星期二的文學晚會，爲當時詩人文士所器重，一九〇九年創辦「新法蘭西評論」，發掘並鼓勵了很多青年作家。

一九二六年他曾到剛果去旅行，這是對他生命發生大影響的事件，因爲他在旅途中所看到的法國殖民地刑法的殘酷與野蠻觸發起他的人道主義的思想。他旅行歸來所發表的「剛果遊記」表現出他反殖民地主義的思想與意義。

紀德是一位多產作家，他十八歲寫成的「凡爾德手册」(O Les Cahiers d'Andre Walter) 是一個敏感自省的青年的懺悔錄。他的第二部重要作品是一本散文詩，題名「地糧」(Les Nouriture 1897)，是一本以優美的文筆寫出他的思想、靈魂及感受的散文詩，深刻而優美，有哲理、有情感、有太多使你要合起書來想一想的東西。雖然他在尾聲中說：「拋開我這書，千萬對你自己說：這只是站在生活前千百種可能的姿態之一。」我們似乎還是該聽從譯者所說的：「如果你的消化力還不太疲弱的話，拿去吧！這兒是糧食，地上的糧食。」

他的小說多半是「故事」性的，多是利用人物去批評當時的生活，如「不道德者」、「浪子回家」、「窄門」、「伊沙貝爾」、「田園交響樂」等。

除小說外，紀德也利用戲劇來表達他對生活的批評。「沙若耳」(Saul, 1902) 和「歐第蒲」(Oedipe, 1931) 都是以古希臘神話或歷史人物作題材來批評現代人的生活。「梵蒂岡地窖」是紀德的一部最有影響力的喜劇；「僞幣製造者」是他最後的也是被公認爲最重要的小說，這本書使紀德成爲以最經濟卓絕的手法創造人物形象的現化小說名家。

二八　卡繆（Albert Camus 1913-1960）

被稱爲法國青年一代的良心的阿伯特・卡繆於一九一三年誕生於法屬阿爾及爾的夢多威鎮，父親是一個貧苦的工人，母親是一個沒有受過教育的西班牙女子。第一次世界大戰時，他父親戰死，全靠母親作針黹來維持家計。

卡繆半工半讀，於一九三六年在阿爾及爾得到哲學學位，一九三八年在阿爾及爾「共和報」從事新聞工作，良心使他暴露了阿爾及爾土人的悲慘生活，逼使法國政府採取改革措施。

自一九三九年起，他在巴黎晚報任新聞記者，法國被德國佔領後，成爲反抗極權的地下份子，經常在報上發表攻擊納粹的文章。「異鄉人」（一九四二）的出版使他成爲巴黎文藝界的彗星。

「異鄉人」是卡繆在一九五七年獲得諾貝爾文學獎的作品，是在「上帝並不存在」、「生命是可笑荒誕悖理」的前提下寫的。書中主角莫魯蘇是一個不負責任的罪犯，與世界不相干，離我們很遠；生在貧苦的家庭，對文學毫無所知，對母愛也覺茫然，對情人也不會談情說愛。他是一個怪人，而在「西薛佛的神話」中卡繆告訴我們：這怪人是你、是我、是近代的動物、是機器人、是悖理的人、是杜斯妥也夫斯基被屈服的英雄們的兒子。全書充滿了「對於生無所絕望」、「對於生無所愛好」的思想，這便是近代歐洲思想界最流行的「存在主義」。「異鄉人」是二次大戰後社會的病態的最深刻的寫照。

「異鄉人」的動人處不在情節與故事，故事只是表現主題的架子。卡繆的文筆簡潔明淨，乍看之下筆法近乎平鋪直述，但細讀起來會覺察出他的寫作仍然有著很周密的計劃。他憑著他的生活經驗和想像，暗示與啓示的力量，用經濟的手法提供給我們許多奧妙的人生眞諦。

他的著作並不多，也沒有什麼大部頭的作品。幾本短篇小說集、五部長篇小說、幾部劇本，還有六、七本評論文集。五部長篇小說是：異鄉人、西薛佛的神話、黑死病、反叛的人、墮落。

德

國

一 歌德 (Johann wolfgang Von Goethe 1749-1832)

詩人、戲劇家、小說家、評論家、也是科學家。這位被列入世界文學最高殿堂裡，與荷馬(Homer)、但丁(Dante)、莎士比亞(Shakspeare)共享世人最高的崇拜的德國文學家是一位全能天才，他一方面擔任行政上的工作，一方面從事各種形式的寫作，而在礦物學、光學、天文學與植物形態學上都有極具價值的貢獻。

歌德生於德國克蘭克津市，家境富裕，母親頗具才識，而父母對文學藝術等皆有興趣，使歌德很早就得到良好的教育與鼓勵。十六歲時入萊比錫大學習法律，二十歲時因病休學，二年後入斯托拉斯堡大學讀完大學課程，並認識了詩人兼評論家赫爾德，從此得到了他的眞實教育。

畢業後他即回家鄉充當律師，可是他所熱衷的卻在文學創作，他寫抒情詩，寫戲劇，著手寫他的鉅著浮士德，也完成了他第一部轟動全球的小說：「少年維特之煩惱」。

一七七五年爲威爾馬 (Weimar) 公爵所聘，從顧問到總理，從事行政工作將近十年，一七八六年到義大利旅行，兩年間著有「義大利遊記」、「哀格蒙特」(Egmont)、「伊菲格尼」(Iphigenie)、塔索 (Tasso) 等戲劇。

旅行後重回威爾馬，與席勒 (Schiller) 相識，情誼深厚，席勒的去世使歌德杜門謝客，在工作中找安慰。他的不朽傑作「浮士德」在一八〇八年出版，此外還著有小說「愛力」與自傳「我的生平——詩與眞實」；一八一九年所出版的抒情詩集使他成爲偉大抒情詩人之一。

「少年維特之煩惱」是以書信體寫一個青年內心生活的發展，自然界的種種都是這內心的反映，有抒情、有哲理、有心理分析、有情緒發展，當然也有故事敘述，歌德以簡明樸素卻又優美的筆法給予我們豐富的景、情、思想的合奏，對人物也有極鮮明的刻劃，那高貴、純潔、優美而且有血有肉的維特不知風靡了多少青年。

「浮士德」是一部詩劇，故事取自德國一個民間故事，歌德用來表達「人類企圖超越肉體的限制與對生命與宇宙意義的探求」這主題，可說是一部人類文化、智識與精神進化史，詩句豐富、優美、深奧而且多變化，只是故事情節由於太空靈令人難以把捉。

二 席勒 (Johann Christoph Friedrich Von Schiller 1759-1805)

席勒是德國第一個揚名世界文壇的劇作家，在十九世紀，他不僅是德國戲劇的代表者，也是爲大衆所愛戴的詩人。熱烈的理想主義，優美動人的風格，與崇尚自由的主題是他作品的特色，也是使他成爲偉大、不朽並受人愛戴的主要因素。他是一個創作者，也是批評家，而創作與批評的才能在他身上是如何巧妙地混合著！在他最深奧的論文中有著詩的韻味，而且能夠把思想、學說完整地納入藝術的作品中。在今日，批評家們開始覺得他的論文與歌德的通信可能與他的戲劇與詩一樣地有不朽的價值。

他生於德國南部烏爾敦堡的馬爾巴哈，父親是軍醫，幼年入軍校習醫，後入陸軍學校，在軍事學校嚴格的校規下，時常偷偷地閱讀文學書籍，並托病在病室裡偷偷練習寫作，於軍校畢業那年（一七八一年）發表了他第一部劇本「強盜」，立刻震驚了讀者界，翌年在當時最著名的曼海姆城的劇院上演，又得到了很好的批評，一七八三年應劇院之聘爲編劇，一七八七年赴威爾馬，在威爾馬與歌德相識，由歌德介紹任耶那大學的史學教授，一七九〇年結婚，一八〇五年因肺病卒於威爾馬。

他最主要的作品除「強盜」外，尚有「瓦倫斯丁」，(Wallenstin)、「瑪利·斯杜特」(Mary Stuart)、「聖女貞德」(The Maid of Orleans)、「威廉·泰爾」(William Tell) 及不少詩歌及評論文字。

「強盜」的特色是形式自由，不拘泥於古典主義的規則，劇情緊張熱烈，把盜匪的生活予以理想化，充滿了動人的場面。「瓦倫斯丁」共有三部，第一部「瓦倫斯丁的營」寫英雄瓦倫斯丁在三十年戰爭中的影響與關係；第二部「波阿洛米尼」寫瓦倫斯丁脫離德皇的關係和被波阿洛米尼欺騙的情形；第三部「瓦倫斯丁之死」寫這大人物的終結。都寫得有聲有色。

「威廉·泰爾」是寫瑞士平民革命推翻專制暴君的故事，故事主角威廉·泰爾代表著一個愛自由的國家的精神，這劇本代表著席勒對十九世紀的自由民主的看法，而如今，射中自己的兒子頭上的蘋果的故事已成爲家傳戶曉了。

三 海涅（*Heinrich Heine 1797-1856*）

海涅的個性與天才使他成爲現代生活以及生活中相互對立的美與醜，現實與理想的鏡子。他的詩爲全世界愛好詩的人們所愛好，而大音樂家舒伯特、舒曼、布朗姆斯等以他的詩歌作成的歌曲更使他揚名全球。浪漫主義與民謠是他的詩的兩股主要影響力，他是一個重情主義者，可是不時插上幾句警句或詭辯，這種情感與諷刺的巧妙混合給他的詩一種又甜又辣的味道。

海涅生於不算富裕的有知識的猶太家庭裡，從很小就喜歡閱讀，「唐・吉軻德傳」與「格里佛遊記」都是他最喜愛的讀物，青年時，他所愛慕的少女拒他而嫁給富有的求婚者給予他極大的打擊，在他性格上留下了永恆的創傷。一個富有的叔叔幫助他進大學，修法律，可是他對文學、猶太的歷史及問題下了更多工夫；一八二五年，由於學習法律的需要，入路德教會受洗。（這是他終生感到羞慚的事。）

在他出發去 Harz 山旅行之前已經出版過抒情詩與一本並不成功的悲劇，而這次旅行使他出版了 Harzreise，就旅行所見有極爲成功的描繪。一八二七年出版的「詩集」(Book of Songs) 使他成爲傑出的抒情詩人。這種遊記的成功使他擴大了旅行的範圍到英國、荷蘭、及義大利，寫了六本旅行素描。

由於他熱愛自由而且相信法國人們是「這種新宗教的選民」，開罪於德國政府，於一八三一年定居於巴黎，與巴黎當代的文學界人士交遊，擔當起德法兩國的翻譯人，不過，祖國仍然縈迴於心中，從諷刺詩 Atta Troll 及 Germany：Awinter's Tale 中可明顯地窺見。

他的身體原就病弱，後來目力也漸漸不行了，而從一八四八年起終因全身癱瘓而長年臥床。不過，此時期的作品：Romancero(1851) 與 Lust Poems(1853-1856) 都是他最好的作品之一。

四 赫培爾(*Christain Friedrich Hebbel 1813-1863*)

赫培爾是十九世紀德國劇壇的一位偉大劇作家，也是詩人、批評家。他生於威悉河邊的威基塞爾布侖（Wesseiburen），父親是窮苦的泥水匠，他以一種堅忍的毅力與貧困的環境抗衡，利用工作的餘暇學習並練習寫作。後來，他的詩很得漢堡女詩人蕭白（Analic Schopp）的賞識，幫助他入海岱堡大學及慕尼克大學習哲學、歷史。

一八三九年發表了他第一部悲劇「猶狄士」（Judith）一舉成名，並獲得丹麥王的資助，使他能夠漫遊羅馬、巴黎等處，後去維也納，大受歡迎，遂定居於維也納，與崇拜他的名女伶安格將司結婚。以後經濟情形好轉，在安適的環境中安心著作，十七年間完成了許多傑作。

赫培爾的劇本大多是命運的悲劇，他以爲悲劇是由個人和社會，個人和時代的對立產生的，不論個人的性格和意志如何，總是免不了要產生，因爲個人的性格和本身，就是悲劇發生的原因。

「猶狄士」(Judith) 取材自聖經，描寫處女「猶狄士」獻身的犧牲和性的苦悶。「瑪麗安・梅格達琳娜」(Maria Magdalena 1844) 是寫中產階級問題的劇本，爲挪威劇作家易卜生指出了一條道路。「海洛特與瑪麗安」(Herodes und Mariamne, 1850) 也是取材自聖經，心理的描寫異常深刻。「基格斯和他的指環」(Gyges und Sien Ring) 取材自古希臘歷史學家 Herodotus 的作品，也是以心理分析著稱。「尼拔龍琪」(Die Nibelungen) 是一個三部曲，從中古時期的記載改寫而成，規模宏大，內容深刻悲壯，像他其餘的作品一樣地顯示出他對劇中人物複雜的性格與心理因素的精巧處理，而對那些依附在傳統之上，面對著無法接受或心懷畏懼的新秩序頹然倒下來的人們，他是懷著怎樣的同情呀！

除了戲劇外，赫培爾還是優秀的短篇小說家與詩人，他的信札和日記，對寫作技巧有著精闢的討論，已成爲文學批評的重要文獻。

五 施托謨（*Theodor Storm 1817-1888*）

施托謨在文學上原以短篇小說著稱，可是如其說他是個小說家，倒不如稱他爲抒情詩人來得恰當。他的小說原就源於抒情詩，文字優美，意境清深，含有極濃的抒情成分，浴於浪漫主義的氣氛中；他的藝術有如遠方的音樂，音韻悠揚，如在半空，但又沒有與眞實遠離。他的著作差不多是追憶往昔快樂的景象，或已過去的事實，引起一種不勝今昔之感；在德國文學上是不屬於任何一派的文學家。

有的人批評施托謨的作品缺少一種偉大性，因爲他並不注意人類的大問題，可是這並不能影響他的藝術地位，因爲他是人生問題的描寫專家，他能從人心深處，尋找人生問題的根源，又能用最純淨的藝術形式表達出來。

在他的作品中最受世人歡迎的是「茵夢湖」。「茵夢湖」完成於一八五二年，是一篇詩一樣的中篇小說，它那陰暗的鄉愁，特有的消沉氣氛、清新的感覺、美麗的文筆、與眞摯的描寫使它成爲全世界任何作品都不能相比的作品。

這種獨特的風格與他生長地的景色不無關係。他生於德國北方雪婁斯幾州 (Schleswig) 的虎汝謨市 (Husum)，這小城市橫在北海岸邊，蒙著悲涼沉鬱的氣氛，自然景色的薰陶，使他成爲一個散文詩人。

他的父親是律師，母親是當地世家之女，他九歲入當地小學讀書，一八三五年到 Lubeck 城讀高等學校，得機會認識德國文學，深受一般德國文學家的影響；一八三七年進了 (Kiel) 的大學修法律，結識了孟穆森兄弟 (Tycho, Theodor Mommsen)，後來三人合著「三友詩集」，其中有施托謨的四十首詩歌。他回家鄉後，於一八四三年任當地律師職，並與表妹結婚。

施托謨於一八八八年患胃癌逝世，著有作品十九卷，一九〇五年版已改爲八卷。

六　霍普特曼（*Gerhart Hauptmann 1862-1946*）

像歌德一樣地，霍普特曼是德國人民的象徵，他的影響力統御著德國人的生活與文學長達五十年之久，他的影響力並不只局限於知識份子，而是遍及全民，單純的農民、工人、礦工、織工都是他寫作的材料，他認爲行爲的動機遠比行爲本身重要，他從日常生活中的喧嚷、懷疑與矛盾中領悟出寫作的技巧，創造出一種描繪現代生活與人物的劇本。

他從事過好多種行業，學過雕刻、歷史及戲劇論與朗誦法，東試試，西闖闖，終於在一八八九年發表了他第一部成功的作品：「黎明之前」(Before Down)，是一部五幕劇，以自然主義的筆法揭露「環境與傳統控制著人類命運」的眞理，這劇本使霍普特曼一夜成名。

「寞寂的人們」(Lonely Lives)是他另一部成功的作品，發表於一八九一年，提出了一個整個年輕的一代所面對的心理問題，他認爲當代人們必定會在現實生活前低頭，放棄他們的理想主義，而生活的空洞會使那些敏感而軟弱的人孤立，精神上感到寂寞。

「織工」(The Weavers, 1892) 是他流傳最廣的作品，也是今日仍擁有廣大讀者群的作品，在這個劇本裡，他用了四十幾個人物來表現他從曾經當過織工的祖父那裡聽來的一件偶發事件。

自 The Assumption 與「沉鐘」(The Sunken Bell)，霍普特曼開始採用象徵的筆法，雖然劇中仍然有極多自然主義的特色，它們是以韻文來描繪虛幻的世界與精神王國的事了。

霍普特曼的劇作多完成於一八八九至第一次世界大戰之間，而最偉大的作品都是在一八九一年至一九〇三年寫作的，他那專描繪他所熟悉的人與物的戲劇使他聞名世界，使他獲得一九一二年的諾貝爾文學獎，而他處理題材的方法，對背景眞實性的堅持，對舞台上動作的自然而不裝腔作勢的要求，以及簡單深刻的對白，對現代戲劇的發展實有極大的貢獻。

除去劇本外，他也寫詩與散文，不過很少流傳至國外。

七 蘇德曼（*Hermann Sudermann 1857-1928*）

蘇德曼是德國近代最偉大的戲劇家之一，也是德國鄉土小說的開拓者。他寫戲劇以吸引觀衆的技巧和舞台的價值見長，而寫小說長於描寫鄉土的人情風俗，以情節的巧妙轉變緊扣讀者的心弦。他雖屬自然主義派，卻不作自然主義的精細描寫，也不作迂腐的冥想；在思想上深受叔本華、尼采等人哲學的影響，具有近代觀念，喜歡研究社會問題和婦女問題，可以說是社會制度的批評者，然而卻不過份暴露現實社會的醜惡，且具有極濃厚的理想主義色彩。

蘇德曼生於東普魯士，家庭本來是當地世家。但因父親經營麥酒釀造業失敗，家道中落，使他備嘗生活的辛酸。十四歲時從實科中學退學，在一家藥劑師那裡當學徒，以後勉強繼續求學，經文科中學入克尼西斯堡大學和柏林大學修文史哲學及語言學。畢業後任新聞記者，同時開始寫小說。

他的第一部小說發表於一八八七年，是精研法國作品十年後的結晶，也是使他一躍而成爲鄉土小說家的「憂愁夫人」。取材自他個人年輕時的奮鬥經過，寫得眞切入神而富情意，洋溢著性靈，而附有的「憂愁夫人的童話」簡直就是一篇散文詩，愛好文學的青年人，沒有不喜歡的。

「貓橋」與「同胞」是蘇德曼的另兩部以鄉土爲背景的小說。

他自一八八九年起捨小說而作戲劇，第一部戲劇，「名譽」在柏林的列辛劇場上演，一演成名，使他成爲當代最偉大的戲劇家之一，與霍普特曼齊名。可是許多批評家認爲他在戲劇方面的成功，妨礙了他小說天才的發展。他著有劇本三十餘種，除「名譽」外，以「蘇托姆的末路」和「故鄉」最有名。

二　費加（*Lope de Vega 1562-1635*）

這位曾經被塞萬提斯稱爲「自然的怪物」的西班牙戲劇家一生中曾寫過兩千多種作品，桃色事件幾乎也可以這數字計算；據說他在五歲時即能讀拉丁文及表演一些稀奇古怪的技藝，十四歲時已完成了他的大學教育，之後，是一連串軍中與愛情的冒險，他參加海軍，做貴族的祕書，也曾從事過教會的工作，在人生舞台上，不管扮演那種角色時，都是充滿了精力，扮演得有聲有色多采多姿，這些生活經驗使他成爲文學界中最具特色的人物。

他的寫作才能是多方面的：敘事詩、田園詩、輓歌、十四行詩不斷地從他的筆下流出，不過，他最擅長的還是戲劇。他之被認爲是西班牙戲劇的創始者，並不僅僅由於他曾經寫了大批的劇本供戲院上演，而是由於他使西班牙戲劇有了形式與發展餘地，他創立了所謂「三幕喜劇」（Three-act Comedy），發明了諷刺習尚與風流逸事的傳奇劇，也寫宗教劇、通俗劇，而以農民爲人物的劇本實爲平民劇的先河。寫作的範圍既然那麼廣，寫作的速度又那麼快，作品稍欠深度自是意料中事，不一律、欠修飾也是他的作品的通病，不過，他具有一種安排情節的天賦，加以他敏銳的戲劇感與創造性，使他爲後起之秀締造了一些值得努力完成的典型。

費加的戲劇至今尙存的約有三百餘種，其中最著名的有：「馬德里之鋼」(The Madrid Steel)、「憂愁夫人」(The Languishing Lady)、「園丁的狗」(The Gardener's Dog)、「沒有復仇的處罰」(Punishment Without Revenge)、「賽費拉的名花」(The Star of Seville)等。

三 伊本納茲（*Vicente Blasco Ibanez 1867-1928*）

伊本納茲是現代西班牙小說家中最出名又最成功的一個，生於范侖西亞，因爲家貧，從幼時即飽受饑寒所迫，曾從事各種勞苦的職業。少時有志於法律，經過不斷地努力研究，到十八歲時即成爲一個名律師。他是共和黨的領袖，年輕時因從事革命曾屢次入獄，後爲國會議員。

他幼年時正是左拉的小說盛行的時代，故他的作品也趨向自然主義，著作有長篇小說十七種，短篇小說兩集及旅行遊記、評論等。其中以「啓示錄的四騎士」（（The Four Horsemen of the Apocalypse）、「血與沙」（Blood and Sand）、「小屋」（Cabin）、「迷人之女」（Temp Tress）等最爲著名；尤其是「啓士錄的四騎士」，於一九一六年出版後，即譯成各國文字，震驚全世界的讀者，使他聞名全球，因之獲諾貝爾獎。

　　當他寫這部作品時，正值歐洲人深切受到第一次大戰的禍害之時，弱小民族中的有識之士都看到非急起自衛便不能自存，而當時的西班牙國力衰微，又置大戰漩渦的區域，伊本納茲本著他對人類的愛心，把握住這個因自衛而作殊死戰的法蘭西民族的題材，並引用了啓示錄中關於四騎士的預言，來喚醒他的同胞對戰禍的認識與記憶。在這部作品裡地方色彩很濃，有動人的寫景，有巧妙的安排，是部很能激動人心的作品。

比利時

一 梅特林克 (*M. Maurice Maeterlinck 1862-1948*)

梅特林克是現代象徵派戲劇的代表。他的戲劇不以動作爲主，而以靜穆見長，專表現人類內心的思想與感情；在內容方面，採取象徵主義，對生與死都予以象徵的描寫，爲現代戲劇開闢了一條新的道路。

他生於比利時的幹城(Gand)，出身佛蘭德的古族，幼時在聖巴爾蒲中學肄業，對文學有極濃厚的興趣，可是後來順從父母的意旨在幹城大學習法律，經過一段相當困苦的學生生活後，於一八八六年成爲律師，並遊巴黎，結識了幾位有名的象徵派詩人，深受他們的影響，三年後，因父喪而返國。

於一八八九年發表了他第一部詩集「溫室」(Serres Chaudes)，是象徵人性脆弱的抒情詩集。第二年發表了他第一部五幕悲劇「瑪蓮公主」(La Princess Maleine)，名聲大震，至「群盲」(Les Aveug Les, 1891)出版，他已躍身於世界戲劇壇中，佔了不朽的一席。

一八九六年他又去法國，以後就長期居住在巴黎，歐戰爆發，他曾寫了不少論文或演說攻擊德國的不義行爲，英譯集稱之爲(The Wrack of the Storm, 1916)

他的作品，除上述者外，尚有「闖入者」(L'Intruse)、「群盲」、「屋內」(Interieur)、「丁泰琪之死」、「裴列哀與梅麗沙」、「一把鑰匙」(Aglavaine Ancl Selysette, 1896)、「漠娜娃娜」(Monna Vanna, 1902)、「青鳥」(L'oiso an Bleu, 1908)等。

「青鳥」是梅特林克獲得諾貝爾獎的作品，是最能表現神秘主義的代表作，本來他的作品都摻有夢的成分，而青鳥更是集夢的大成，他在這部作品裡，將宇宙間一切有生無生的事物，都賦予靈魂，讓它們從物質的軀殼中出來，盡情地宣洩它們的衷曲。故事是寫兩個孩子在夢中尋找青鳥的經過，是梅特林克的作品中演出次數最多，流傳最廣的作品，在倫敦與紐約上演都盛況空前，因爲它不僅是極有趣的兒童劇，而且是一部充滿深奧思想的象徵劇。勒白侖(Geongette Leblanc)爲使小孩易於了解，曾將它改寫成故事體裁，頗能保有原著的精神。

二　魏爾哈侖 (*Emile Verhaerey 1855-1916*)

魏爾哈侖生於比利時的一個農村裡，最初以批評家知名。在二十五歲時開始發表詩作，詩才使人震驚。由於農村生活的寧靜、和平，他初期的作品都是歌詠田園的，如「佛拉芝台人集」(Avecles Flamanandes, 1883)、「修道士集」(Les Moines, 1886) 等，把比利時的景物與生活描繪得極爲生動。

其後，工業的發達，農村的凋敝，使他爲舊時代的破滅而悲哀，再加患上胃病，他的心情變得充滿了抑鬱與絕望，遂改變了以往的寫實作風，有了神祕主義的傾向。這時期的作品有：「黃昏集」(Les Soirs, 1888)、「毀滅集」(Les Debacles)，「黑色的火燄集」(Les Flambeaux noirs, 1891) 等。

經過了這段長時期的苦悶，他雖又慢慢地步入了光明的人生，卻不滿足於鄉村的自然之美了，他開始注意煤煙瀰漫的都市，想在工廠的騷嚷、街巷的叫喊，停車場的吵雜，以及酒場、劇場、船埠等地，發掘現代人生活的眞義，並想在機械聲中把自由與美象徵化，還希望整理世間的悲嘆之聲，創造一種強有力的音樂。他以爲現代的詩人，不僅要與時代相合，並且要如古代詩人之歌詠戰爭似地去歌詠機械的發明。

歐戰爆發後，他在悲痛的心情下寫了「比利時的苦悶」(Belgiums Agony)；之後又恢復了原有的厭世觀。不過不久又寫了「在死灰中」(Among the Ashes)，充滿了他對祖國復興的信心和熱愛祖國的精神。故，概括地說，魏爾哈侖的詩可以說是代表著一種落在絕望的深淵裡，卻又非完全絕望，且始終信賴著現實世界的再生的一種人生呼喚。

一九一六年冬天的一個晚上，他因趕火車，失足跌斃於車輪下。

他的重要著作除上述者，還有：「幻影的鄉村」(Les Villages Illusoire)「錯覺的田園」(Les Campagnes halluciness)、「有觸角的都市」(Les Villes Tentacullaires, 1895)、「人生的面目集」(Les Visages de Ia Vie)、「萬花繚亂之力集」、「光怪離陸集」、與「佛蘭德全集」等。

前三部合成「幻影的鄉村及其他」，是魏爾哈侖讚美新都市的代表作，寫鄉間人民之群趨於都市。

北歐

一 安徒生 (*Hans Christian Anderson 1805-1875*)

這位已成爲家傳戶曉的丹麥童話家，生於阿特塞(Odense)小島上，父親是個鞋匠，母親是個洗衣婦，十一歲時父親去世，母親再嫁，他才被送入貧民學校去讀書，他雖生於窮苦人家，卻長得白晳纖弱，從小對木偶戲與女性服裝有極濃厚的興趣。

十三歲時到哥本哈根，謀作演員不成，後得音樂學院的導師西邦尼(Siboni)和詩人古爾德勃格(Guldburg)的援助，供給他膳宿，並使他受教育。十七歲時，出版了一本「帕耳納陶克墓中的幽靈」(The Ghost of Palnatokes Grave)，使丹麥國王腓烈特六世特許他免費攻讀斯拉格耳斯(Slagelse)學校，從那起，他的文學天才才漸漸發揮。

二十八歲時，得到國王的資助，他得以到英倫及歐洲大陸去旅行，旅行以後，文筆大進，他寫詩、戲劇、旅行隨筆等；三十歲時還出版了一本名「即興詩人」的小說，可是一迨他開始寫童話，所有這些成就都被從他筆下流出的故事所發出的光輝掩沒了。

他有著驚人的幻想力，在他筆下，宇宙間沒有任何事物沒有生命，沒有人格；他寫的都是尋常的事物，可是經過他的不尋常的安排，透過他那優美如詩的散文，再加上寓於每個故事中的含意，使它們成爲全世界孩子們的恩物，即使大人們也常常爲那優美的故事所吸引。

他的著作很多，多收集於「安徒生童話集」中。

他自一八四四年起，進入丹麥王宮，受領年俸，接受丹麥國最高的榮譽：丹麥旗級大十字勳章。

二 易卜生（*Henrik Ibsen 1828-1906*）

在易卜生之前，挪威的文學中幾乎沒有戲劇的存在。是他的努力，使挪威有了它自己的戲劇，而且在世界文壇上受到重視。

易卜生生於挪威南部一個小鎮上，整個童年與少年過著與世隔絕的閉塞生活；十六歲時跟從一位藥劑師當學徒，六年後入大學習醫，可是不久即轉移興趣至哲學與文學，終於從事舞台工作，他當過舞台經理、戲劇導演，十一年的經驗使他對戲劇有了充分的知識與了解，對他一生輝煌的成就有不小的助益。

他從幼年起就固執、倔強、自恃、不合群、反抗。及長，對當時社會及道德問題處處感到不滿，這也正是促使他拿起筆來寫作的最初動機，他認爲當時挪威的空氣不適於自由創作，遂於一八六四年遷住羅馬，不過他的劇作不管是人物也好，精神也好，仍然是道地挪威化的。

「標誌」(Brand, 1866)和「皮爾・震特」(Peer Gynt, 1867)是用韻文寫的。在後者中，挪威的古代傳說與他自己幼年的記憶給作品塗上了鮮明濃重的色彩，而想像力的豐富，詩文的優美與思想的深刻使這部作品成爲挪威的「浮士德」。

不過使他在世界文壇上不朽的作品還是以後的散文戲劇。爲了表達他所發掘的社會問題，他開始以散文寫寫實劇，他描寫人類，表現他們的行爲，也表現他們內心的矛盾，而所使用的語言也盡量地切合人物的身分與性格。他不但爲戲劇帶來了許多技術上的改進與建樹，而且把許多從前從沒有人提過的問題搬上了舞台。雖然說他所討論的多是當時的社會與道德問題，由於他的主題都是那有著共通性與持久性的，存在於個人與社會，寫實與幻想，眞與僞之間的衝突，故到現在仍然有其不朽的價值。

其重要作品有：「社會棟樑」(Pillars of Society, 1877)、「傀儡家庭」(The Doll's Home)、「人民公敵」(Enemy of People, 1882)「海上夫人」(The Lady From The Sea)

三 哈姆生（*Kunt Hamsun 1860-1952*）

哈姆生與大部份北歐作家有著共通的風格：在寫實主義中含有浪漫主義的情趣，有極好的心理描寫，對人類苦難的靈魂有深邃的發掘，是以引起讀者的共鳴，在悲觀的氣氛中閃爍著對未來的希望之光，使衆生有所奮發。

哈姆生生於挪威一個貧困的家庭，父親是裁縫師兼務農，他自幼即從事田間工作，只受了很短的學校教育，及長，曾充當助手，在美國欲以演講博得聲名，未能如願。返國後繼續他貧困的奮鬥生活，做過修路工人、巡迴教師、新聞記者、電車司機等。暇時從事寫作甚得般生的賞識，至一八八八年發表「饑餓」(Hungry)，文名才爲世人所知。

「饑餓」是一部自傳性的小說，寫一個文人因饑餓而有的種種心理，極爲深刻細膩，充滿了對善良者的同情和憐憫，亦爲生活在大自然中渺小的人類而悲哀。這部作品轟動了斯干的那維亞半島的讀者界，瑞典的國王因之賜他年俸。

他先後寫了四十部小說，最著名的，除去「饑餓」外，還有「牧羊神」(Pan, 1894)、「魏都麗姑娘」(Victoria, 1898)、「土地的生長」(Growth of Soil, 1917)等。

「牧羊神」與作者其他的作品有著迥然不同的趣味。形式上雖然是小說，全篇卻充滿著抒情詩的韻致，描寫非常細膩，從很小的事件上把女主角艾娃的神秘魅力表現得躍然紙上，風景的描寫也極爲成功，當讀著時，彷彿置身在爽朗明澈的北國天空底下，聽著林中深沉的風嘯，嗅到草根和樹葉的香甜氣息，不覺間與書中人物混融在一起了。

「土地的生長」是他最大的傑作，這部作品的主角是貧困的農夫，他膠著於土地，和土地同時理解生活，有著與土地難以分離的命運。這書出版時，他已五十八歲了，在一九二〇年獲得了諾貝爾獎。

四 般生(*Bjornstjerne Bjornson 1832-1910*)

般生生於挪威的一個小村落裡，父親是牧師，六歲時隨父親遷往挪威最美麗的羅姆斯達耳(Romsdal)自然的風景給予他極深厚的薰陶，對他日後的寫作風格有極大的影響。

他自十一歲起開始寫詩，曾從事過新聞記者，報章的劇評、劇場監督等工作，也曾遊歷國外。他的作品有戲劇、小說、詩歌、政論等。小說都以美麗的大自然爲背景，描寫樸素的農民生活，對德國的鄉土文學影響至鉅。其中小說以「莎爾巴根」(Synnovl Solbakken, 1857)、「奧尼」(Arne, 1858)最爲著名，戲劇以「破產者」(The Bankrupt)最爲著名。

「奧尼」是般生的第二部作品，也是他的最佳作品。以一個典型的農家子弟爲故事的主幹，在單純恬靜的農民生活中交織著一個感人的愛情故事，對人物與生活情景皆有生動眞切的描繪，對故事的情節有極富詩意的安排，文字也極優美，是一本具有感人力量的不朽作品。

「破產者」是寫一個破產的商人之家，給人以極深的悲戚感，但也有溫暖的人性。

般生不僅是一個著作家，而且是挪威的國民生活劇中主角，他的人格比他的作品對挪威有更大的影響。他有極強烈的愛國心，挪威在一九〇五年的獨立有賴於他的呼籲，曾被稱爲「無冕之王」。他也是諾貝爾獎的創設委員，一九〇三年獲得這項榮譽。

古希臘羅馬

一　希臘神話

「希臘神話」並不是一部最早的希臘作品，而是一些足以代表古希臘文明的傳說，這些傳說爲古希臘的歷史家、哲學家、詩人們記敘下來，而成爲西洋文學的寶藏與許多詩人與藝術家獲取靈感與題材源泉。近世更有美國愛迪絲・海米頓女士蒐集重寫成册，更便於閱讀；中文本有王鎮國先生譯著的「希臘羅馬神話集」及蘇雪林女士所著「天馬集」等都是介紹此一西洋文學寶藏的寶貴作品。

古希臘人是一個具有神奇創造力的民族，望著天空中的星座，他們看到的是圖畫——熊、獅子、天鵝、牛、蠍子……望著太陽，他們想像到一座燃著烈燄的戰車橫越天空；當他們看到閃閃的電光時，他們就說：「宙斯這個壞脾氣的天神在大發雷霆了。」

對他們來說，任何有動作的東西都是有生命的。無論在天空、海洋、河流，或爲微風吹動的叢林裡，都住得有可以永生的神祇，而洞穴內，山巔上，以及深不可測的地層底下都有不死的神祇們在活動；他們看到海神們從浪濤中昇起，看到森林女神們在樹叢飄盪，而水神們在湖泊溪流中戲水……這些可愛的神散佈在各處，每個人都可以看到，甚至可以與之交往。

他們如此按照著自己的形像創造了他們的神，給予它們無限的權力分掌人們的一切，而每一個神在地上都有其廟堂，受著人們的膜拜。至羅馬征服了希臘之後，也接受了這些神，只不過把名字改了一下就是了。在今日，雖然不再有人信它們，崇拜它們，可是由於這些充滿了美的情操、善的眞理、與豐富的想像的神話，它們並沒有死，而且永不會死，它們在文學與藝術領域裡已成爲不朽。

如果你希望知道那些記敘這些傳說的古希臘羅馬作家，這裡有個簡單的名單，如果還希望知道詳細點，請讀讀文學簡介。

荷馬(Homer)、赫西阿德(Hesiod)、品達(Pinder)、埃士吉洛士(Aeschylus)、亞里士多芬(Aristophanes)、亞波洛紐士(Apollonius)、威吉爾(Vigil)、荷拉士(Horace)……

二　伊里亞特（*Iliad 850 B.C. Approx*）
——古希臘史詩——

「伊里亞特」與「奧德塞」是古希臘的也是西洋文學的兩部最偉大的文學遺產，它們是西洋前期文化的總匯，也是後世史詩的典範。考古學家依其內容研究當時社會發展的情形，哲學家以其內容作爲道德律的標準，神話學家們則依其中與人神的故事編造出那些美麗的希臘神話，而許多近代作家以之爲寫作指導與良伴。相傳這兩首詩的作者是一個生於公元前九世紀時的盲詩人荷馬，可是由於對其生平所知太少，而從他的作品裡也絲毫不能探知一二，近世有許多學者認爲並無荷馬其人存在，而這兩首詩是歷代詩人收集、改編過去散亂的古詩而成。

不管怎樣，我們不能不驚嘆其結構的偉大與完整，與敘事的簡明緊湊，充滿了高貴威嚴的氣氛，即使在描敘一些如洗澡、準備餐點之類的日常瑣事時，也不失其高貴，這該歸功於作者善用毫無修飾的字句、與其對事物的坦白直截的觀點，以及絕不囉囉嗦嗦描敘不必要的細節上。

「伊里亞特」的意義是「特勞埃故事」，是敘述希臘與特勞埃城邦的戰爭故事。戰爭的發端是三位女神爭一隻金蘋果，因爲金蘋果上寫著給「最美麗的女人」，神后朱諾，愛神維納斯與戰神雅典娜各不相讓，遂到特勞埃城王子巴里斯那裡去求定奪，巴里斯不愛朱諾所許的財富與權威，也不愛雅典娜所許的名譽和功業，於是答應讓世界上最美的女人愛他的維納斯贏得了金蘋果，也種下了特勞埃城戰爭的種子。

那時世界上最美的女人是斯巴達王的愛妃海倫，巴里斯也以美貌著稱，有一次巴里斯出使斯巴達，兩人相見而相愛，終於海倫隨巴里斯回了特勞埃城，斯巴達遂組織希臘聯軍來攻特勞埃城；戰爭相持十年，作者並未把這十年的戰爭詳詳細細地記敘下來，只是著重在戰爭最後一年希臘名將亞契利斯(Achilles)因故退出戰爭使希臘軍幾乎敗北，後又爲亡友而重投入戰火，終而使希臘軍轉敗爲勝，攻克特勞埃城，結束了這長年的戰爭。故「伊里亞特」實在是一本寫「亞契里斯的憤怒」的史詩。

這首詩的拉丁譯本是文藝復興初期對希臘文學的研討的第一步。

三 奧德賽（*Odyssey*）——古希臘敘事詩——

奧德賽可說是伊里亞特的續集，敘述特勞埃戰爭結束後，希臘名將奧德亞斯在班師回程中遇大風暴，將船隻吹得離鄉愈遠，於是一連串的冒險與艷遇出現了，他們沿著小亞細亞的海濱航行，曾登過野人島，進過巨人洞，與通魔法的妖女或女神們周旋過，終於靠著奧德亞斯的大智大勇都安然度過，在離家二十年後，回到了故鄉。

他化裝爲乞丐回到家園，家裡只有一隻老狗還認得出牠的主人，而他太太的那些追求者已把他的家弄得烏煙瘴氣不像個樣子了，他殺死了那些無恥又無能的追求者，重新過著快樂的日子。

像在伊里亞特中一樣，在奧德賽中，荷馬也是把神的活動揉合進人的故事裡：希臘軍何以在班師回程中會遇到那樣的大風暴？當他們攻克特勞埃城後的所做所爲大大地觸怒了神明，連本來幫他們的朱諾與雅典娜也同意要給他們點處罰了。何以奧德亞斯比別人在海上多漂盪十年？過去他曾傷害過海神普賽唐 (Poseidon) 的兒子，海神故意要多折磨他幾年。最終奧德亞斯之能夠回家，還是由於雅典娜的幫忙呢！

全書分爲二十四章（與伊里亞特一樣），充滿了愛國愛鄉的精神及生動細膩而又有趣的描寫，而從這些描寫中足以顯現出該時代的生活與精神，而它的拉丁譯本是拉丁文學的第一部作品。

四 赫西阿德 (*Hesiod 8th Century B.C.*)

對希臘神話有點認識的讀者必定知道盜火給人類的普洛米修斯 (Prometheus)，也會知道宙斯爲處罰人類，造了個潘達拉 (Pandora) 爲人類帶來了各種禍患。這些故事原出自赫西阿德的「工作與時日」一詩中。

「工作與時日」是一首教訓詩，不管在形式上，或語法上都受著荷馬的影響，可是在氣氛上卻全然不同；赫西阿德所用的題材不再是那些神明似的英雄的豐功偉業，而是農夫們的艱苦生活。——自從潘達拉給人類帶來了各種禍患之後，艱苦地工作成爲必須，而那些沒落的貴族們的不公正使情形更壞。他認爲人必須工作，貴族們要公正，而農夫們必須正直。人不要取不義之財，不義之財等於毀滅，同時工作沒有什麼不榮譽，通往邪惡之路是平易好走的，而神在良善與我們之間卻鋪上了額頭的汗水。通往良善之路長而陡峭，崎嶇難走，可是待登至高處，又是平坦大道了。

既然在古希臘所謂工作就是耕耘土地，赫西阿德在此書中首先描寫農夫們一年中的工作。他並沒有把當時農夫們所有的工作完完全全地記下來，對技術上的細節也沒多大興趣，他寫作的目的是教人勤勉，他所用的方法是描寫一個勤勉的人如何努力工作，而他的財產與那些懶惰者的形成怎樣的對照，他對自然有眞正的愛好，他那些對四季鄉村景色的描寫給整部作品增彩不少。

「神譜」(Theogony)是赫西阿德的另一部名著，記述天地開闢，宙斯立爲主神及衆神的編列的經過情形，是研究希臘宗教與神話的重要資料。

關於赫西阿德的生平我們只知道當他父親死後，他與弟弟共分父親遺留下的那個農場，爭吵之餘，弟弟告到公堂，而且賄賂裁判官，弟弟勝訴，贏得遺產的大部份，可是懶惰使他淪爲貧窮，而哥哥過著他在「工作與時日」中所描述的那種儉樸勤勉的生活。以後的遭遇就不太清楚了，傳說他曾在詩歌比賽中擊敗荷馬，而在國外遭遇不測身死。

五 伊索 (*Aesop 6th Century B.C.*)

「伊索寓言」可說是本家傳戶曉的名著，可是關於這位名著的作者，我們知道的卻幾乎等於無，傳說他在易阿德門 (Iadmon) 家中做過奴隸，跛腳駝背、五官不正，相貌奇醜，不過爲人機智而有學問，善作寓言，後來主人免除他的奴籍而取得希臘公民的資格。

不管這傳說的眞實性有多大，任管有不少現代學者認爲根本沒有這樣一個人，古希臘人還是把所有的寓言算作伊索的作品，認爲是伊索創始了這種文體。

當然，即使是有伊索其人，那些充滿了機智與教訓的寓言是他的作品，在當時，也只不過是以講故事的方式口頭傳述，由後人加上自己的意見筆錄下來的；而現今流行的伊索寓言是包括了以前與以後歷代所有的寓言大成。

在伊索寓言內的故事，都是描述一件簡單的事件，用以說明某一種行爲的準則。故事中的人物多是人格化了的動物，會講話，具有人類的德性；不過，仍然保有動物們本身具有的特性，如：驢子愚蠢、狐狸狡猾、小羊無助又無知等。既然它們在每一個寓言裡都是以同樣的特性出現，故它們固定地成爲某種人物的象徵；寓言所含的教訓都是我們日常生活中所常見的，故極易領會；所用的語言平易簡明，毫無虛飾浮誇之筆。

雖然大家都認爲伊索寓言適於教訓兒童之用，卻不是眞正的兒童文學，因爲許多教訓都是站在大人的觀點寫出的。

六　埃斯奇洛士（*Aeschylus 525-456 B.C.*）

古希臘的戲劇原爲祭酒神戴尼撒斯（Dionysus）時的舞台劇，主要的是一個五十人的合唱隊，表演時載歌載舞，只有一個演員在歌舞之間加幾句對白。至埃斯奇洛士，劇中才增添了第二角色，使演員的動作與敘述的幅度大大地增闊，不必靠合唱隊就可把故事表演出來，而合唱隊從主體降爲演員的附屬品，只是配合著演員的活動增強戲劇的效果了；他還把合唱隊的人數減至十五人，並改善其服裝、佈景，設計了高底鞋與面具，至此，戲劇才算具有了其規範，再加上他所寫的使人難忘的偉大劇本，後人尊之爲古希臘悲劇之父。

埃斯奇洛士的生平我們知道的也不多，不過我們曉得他生於雅典，曾參加過波希戰爭，眼見雅典成長爲古希臘文明的中心；故他的作品中充滿了對當時戰蹟偉業的頌讚，而作品中的角色也多是神或近乎神的英雄，這也難怪，他自己原就生於一個偉大的英雄時代，而他個人的所經驗的就是他的寫作素材。

在古希臘，每年春季的酒神祭典中，同時舉行戲劇比賽，每一個戲劇作家拿出一部分爲三部的作品表演，經過這種比賽後得以留存至今日的作品，只有他和與他合稱爲古希臘三大悲劇作家的索佛克利士 (Sophocles)，與歐里彼德士 (Euripides) 的少數作品。

埃斯奇洛士生平寫作劇本九十部，僅有七部流傳至今日，其中以「普洛米修斯」(Prometheus Bound 465 B.C.) 與奧勒斯提亞 (Oresteia) 最爲著名。

「普洛米修斯」也是一部三部戲劇，連續敘述這位愛人類的神明如何助人，並從天庭盜火送給人類；怎樣因之觸怒了主神宙斯被縛在高加索山頂上，長年受日晒雨淋之苦還不算，並有一隻巨鷹天天來啄食他那還會長出來的心臟，而他怎樣堅決不屈；最後是如何得救。

「奧勒斯提亞」也是一部三部劇，是講斯巴達王梅納勞斯的家庭悲劇；梅納勞斯的父親曾因爭吵將哥哥的孩子殺害，並給他佐餐，而梅納勞斯的弟弟亞加曼農 (Agamenon) 於特勞埃戰勝回國後，爲有外遇的妻子殺害，而亞加曼農的兒子爲報父仇殺死了自己的親母親與母親的情人。主題是罪惡，他認爲錯行如同種子、果子是悲傷，悲劇往往是殘酷的命運所使，可是所謂命運並不只是那種不可避免的力量，也包括了人類天性所生的道德力量，這劇本中的一切不幸雖然是命運的掌握，卻也脫不了個人罪惡的影響。

七　歐里披底斯（*Euripides 480-406 B.C.*）

把眞實人生搬上舞台是歐里披底斯的大貢獻，他不像埃斯奇洛士般相信絕對的價值與命運，他認爲悲劇的因素存於個人內心的矛盾，他劇中的人物不再是與命運作無益的掙扎，而是與自己內心裡的惡魔抗衡，故他的人物都是有感情有個性的眞實人物，即使是從舊傳說、舊神話中取材，也給予他們一種新意義。

他的劇本對人物均有極爲深刻的描寫，著重心理分析，且多爲現實生活中的人與事，可說是古希臘劇作家中最現代化的了。他畢生爲自己的藝術努力，可是生前並未享得埃斯奇洛士與索佛克利士那等榮譽，他只得過五次戲劇獎，而第五次還是在他死後國人覺出他的價值後追贈給他的。他生平寫作劇本九十個，留傳至今日的有十九個。

「米迪亞」是他的傑作，米迪亞，這個爲嫉妒與絕望折磨得發狂了的女人，爲

八 古希臘的喜劇

喜劇也是發源於希臘。由於內容與形式的不同，希臘喜劇分爲古中後三期，古喜劇的著名作家就是亞里斯多芬。(Arisophanes 450-386 B.C.)

亞里斯多芬是一個卓絕的詩人，也是一個保守的教師，他以他那優美的詩句來諷刺當時的政治制度，抨擊教育、宗教、文學等思想，也對那些政治家、哲學家、文學家們痛加譏誚；他有著豐富的想像力，善於運用文字，以各種荒謬的、奇幻的、滑稽的、與我們日常經驗相左的事件或想法使他的劇本本身就是個大笑話。他利用各種方法逗觀衆發笑，他知道適當地引用別人的句子與出其不意的轉變的喜劇效果，而很多笑料並不是講出來而是表演出來的。如：在「鳥」中，主角在半空中奪取人們給衆神的祭品，把衆神餓得投降；在「和平」中，戰爭把希臘各城邦丟到一個大臼內研成粉碎等奇思怪想。

「蛙」被公認爲他的傑作，酒神到冥府去請求冥王放回埃斯奇洛士，埃斯奇洛士正與歐里披底斯爭奪悲劇作家首席：埃說歐粗野、不道德，歐說埃誇大空浮。冥王請海神判斷，海神便判埃勝，而趁機請放之還陽。劇中對歐里披底斯的作品頗多抨擊。

「雲」也是他的傑作，譏諷的對象是詭辯學派，可是他卻找出蘇格拉底爲代表。

他的最後兩個劇本，Ecclesiazusae 和 Plutus 在形式與內容都與他的前期作品有顯著的不同：首先，合唱隊已從主要角色退爲劇本的音樂配合，而演員的戲分量增加了；劇內不再有對政治的嘲諷，對個人的抨擊，代替的是日常生活中的可笑之事。自此古喜劇進入爲中期喜劇。

九　布魯達奇（Plutarch C.A.D. 45-125）

這位在羅馬統治下的希臘傳記學家與論文家生於奇魯那亞鎭，曾就學於雅典，並以廣泛的閱讀與在希臘、義大利及埃及各地的旅行來增廣其見聞與學識。他曾在羅馬住過一段時期，是爲了執行一項外交使命，也是爲了發表一連串的學術演講，他的演講爲他贏得不少愛好哲學的朋友，要不是對祖國的熱愛與驕傲，也許他會一直留在那裡呢！對祖國的熱愛與驕傲使他重回到故鄉，在那裡，他成爲一個地方長官、阿波羅廟堂的祭司、教導朋友及朋友的孩子的老師，最重要的，一個使研究古代的現代人有個探討的去處的作家。

流傳至今的布魯達奇的作品被收集在兩個集子裡：英雄傳，道德論文集。

「英雄傳」是一本敘述古希臘羅馬偉人的事蹟的傳記，採取對照方式，把兩個成就或境遇類似的希臘偉人與羅馬偉人相提並論，藉以提示希臘也曾有過其光輝的時代，而偉大的行動者並不比羅馬的名將偉人遜色。布魯達奇的風格並不頂好，可是敘述清晰，對人物觀察透徹，而且有一種強烈的戲劇感，時而引用小事件來加強他所描述的人物特點，或許是這本書的主要特色。

流傳至現代的一共有五十篇，這五十篇傳記成爲後世研究古代歷史、倫理道德、思想等的重要資料，而莎士比亞有好幾個劇本是取材自它的。

「道德論文」是一本大約有八十篇論文的論文集，論題範圍極廣，形式也各異，以演講稿、對話或書信來討論哲學、道德、歷史、文學、宗教、教育各方面的問題。如說「英雄傳」是在表揚希臘人在武功方面的偉業，「論文集」則是在表揚希臘人在思想上的成就。其中最著名的有：論教養一個男孩子、論多嘴、論迷信、論憤怒的控制、論諂媚者與朋友、論蘇格拉底的天才……等。篇篇都是值得一讀的好文章。

十　布魯特斯（*Titus Maccius Plautus C. 254-184 B.C.*）

羅馬文學原是希臘文學的一道支流，而最初的羅馬喜劇只不過是把希臘喜劇搬上羅馬舞台而已，從事這項介紹工作的是號稱「羅馬第一文人」的利維斯・昂德洛尼古士（Livius Andronicus 284-204 B.C.）並沒什麼建樹。

至布魯特斯，羅馬喜劇已有其新的特色：合唱隊被取消，代替的是歌唱出對話，而有些場景是配以音樂吟詠詩句，這與近代的歌唱喜劇頗有類似處。不過，在內容與場景上仍然是希臘式的。

布魯特斯所寫的劇本也具有這些特色，他取法於希臘近期喜劇，甚至連人名地名也沿用希臘式的，可是爲了迎合羅馬觀衆的興趣，有些希臘的風格習慣被刪除了，而羅馬的風土人情加進去了，這種不倫不類的混合有時反而產生一種適合觀衆胃口的喜劇效果。他以簡易的拉丁口語寫作，文筆熱情流利有力，充滿了機智與幽默，善於運用各種笑料，雖然有時不免流於粗野，仍不失爲一個好詩人。

他生於義大利中部的安勃利亞，浪遊羅馬，曾一度淪爲磨坊工人，可是就在這段艱苦的歲月裡，他開始寫喜劇；傳說他的著作有百餘種，今存於世的僅二十種。其中最著名的是Menaechmi。Menaechmi是劇中那對孿生兄弟的名字。他們幼年分離，及長，在異地被誤認，而鬧出種種笑料，劇情有趣，結構嚴密，而對人物的描繪更是生動逼眞，對後世影響極大；莎士比亞的「錯中錯」就是受了他的啓發而得的靈感。

「金罐」是莫里哀寫「守財奴」的靈感之源，莫里哀的Amphitryon也是以他的Amphitryon爲藍本，而「囚犯」是一個高貴的喜劇，那種能夠使一個好人更好的喜劇。

布魯達斯是羅馬最受歡迎的喜劇作家，他的劇本在羅馬共和國時代時常上演，而在帝國時期擁有很多讀者，尤其是在紀元二世紀知識階層對早期羅馬作家發生了濃厚興趣時，至中世紀他曾被冷落了一陣子，可是至文藝復興時他又成爲熱門人物，而且直到今天，他仍然是人們發掘娛樂場景及喜劇人物的寶藏。

十一、特朗斯（*Terence* 195-159 B.C.）

特朗斯本生於迦太基，幼時被擄，被賣給羅馬元老爲奴，主人喜其聰慧，使其受良好教育並釋放其自由；這使他有發揮其在喜劇方面的天賦的可能。

特朗斯的喜劇也是取法於希臘近期喜劇作家，不過他把傳統上用以解說劇情及人物性格的序言刪去，給喜劇增添了緊張與驚奇的要素，使喜劇更趨現代化，他的文筆優美，風格高雅而充滿了智慧；他的幽默與笑料精巧微妙，需要仔細思考才能領會；與布魯特斯比起來，他是溫和多了，他的劇本似乎是爲知識階層所寫。

他曾經改寫了四齣麥南得的喜劇，還有兩齣別的劇作家的，當他最後一齣戲上演過之後，他出發到希臘去，一年後去世，死因不明。

在他這六種作品裡，要以「安得魯婦女」與「兄弟」最爲著名。「安得魯婦女」描寫一對男女克服了種種阻礙，達成了結婚的目的。「兄弟」是寫兩兄弟以兩種截然不同的方法教養自己的孩子；哥哥使孩子受著嚴格的管教，弟弟讓孩子享有充份的自由。他們都認爲自己的方法正確，相信自己的孩子比較有出息；結果考驗到來，都不行。劇情的主題很清楚，管教與自由在教養孩子上都必需，不過得運用適度，不可偏廢。「中庸」是特朗斯的理想。

十二　威吉爾（*Vergil 70-19 B.C.*）

這位羅馬最偉大的詩人生於義大利北部，曾受過完美的教育，在羅馬從名師學習演講術與哲學，企圖從事法律，可是他生性羞怯，口齒遲鈍，又不善交際，他知難而退，於畢業後返回故鄉，住在父親的農場上，以著作終生。

「牧歌」是他的第一部作品，是一些美麗的小詩，在夢幻般的自然美景中，理想化了的牧人在歌唱，有個人獨唱，有兩人對唱，也有爲比賽而唱；有的歌唱愛情，有的傾訴悲懷，有的互相笑謔，也有些是關於當時的事件與他個人的經驗的；處處顯出他對自然的熱愛與對人性的同情，給牧歌這詩體以可循的方向。

「農事詩」(Georgics)是一首提倡農耕的教訓詩，他與赫西阿德同樣地認爲人如欲戰勝自然必須工作，不過並不止於此，我們讀他的詩的收穫，最重要的還不是他對田間的生活與工作的確切而精細的描述，而是這偉大詩人對祖國、對自然的熱愛及對所有人類的同情。故比赫西阿德的「工作與時日」已高出一籌。

威吉爾的聲譽大部份還是建立在那現已列入世界偉大史詩之列的「伊尼特」。「伊尼特」是一部歌頌羅馬帝國與奧古斯丁的榮耀的史詩，記敘羅馬帝國開國者伊尼斯的建國經過，有特勞埃戰爭，有海上飄流，有愛情，有神的介入，可以說是荷馬兩史詩的合併，可是他加入了一些他個人的哲學思想，而從英雄伊尼斯的生平際遇中顯現出一個不存在卻爲人所憧憬的羅馬帝國，不但伊尼斯所有的行動都是爲它而做，連神明也是爲了這目標而努力，而控制著人的命運。

「伊尼特」是在他死後出版的，給他帶來了莫大的榮譽；帝王、貴族尊敬他，人們崇拜他，而成爲中世紀擁有最多讀者的詩人，對後世有極大的影響。

十三　荷拉士（*Horace 65-8 B.C.*）

荷拉士是僅次於威吉爾的羅馬大詩人。面對自己的成就，他總不忘感謝他那曾經一度為奴隸，犧牲了自己的一切來完成他的教育的父親。——荷拉士原生於義大利一個小山鎮上，他的父親卻把他送入羅馬、雅典的名學府裡接受當時最好的知識教育，而又以身作則給予他修身做人的榜樣，使他能面對考驗，聰明地抉擇。

當凱撒被殺，整個羅馬陷於混亂的內戰中時，荷拉士正在雅典求學，他參加了共和國的軍隊，戰爭結束後，他雖然免於一死，財產卻被沒收。就在此時，他開始寫詩，而很快地引起威吉爾的注意，威吉爾把他推薦給奧古斯丁的親信麥司拿斯，他們很快地成為知友，而在麥司拿斯的保護下，他得以安心寫作。

他最重要的作品有四種：諷刺詩、抒情詩、書信，及詩法。

諷刺詩一共有十八首，是他的早期作品，對人類各種愚昧有極深刻的諷識，特別是對奢侈、放縱、永不能滿足的物慾，更是攻擊得無一是處；他所提倡的是一種儉樸的生活，他所使用的語言是一種接近口語的韻文，形式諸多變化、幽默、輕鬆、優雅，而富戲劇性，且洋溢著同情與了解，題材多取自作者的生活經驗，讀來可窺見他的生平。

雖然荷拉士在諷刺詩上的成就已相當可觀，他那一〇三首抒情詩卻使他擠入世界名抒情詩人之林，成爲最爲人所喜愛，最常被引用的拉丁詩人。他以希臘詩人爲規範，使希臘韻語的音樂美顯現在拉丁詩歌中；他的抒情詩包含了許多對智行的註解，而中心思想在生命的無常與短暫；死亡就在跟前，而死亡可以結束一切；只有轉眼即逝的現在是你眞正擁有的，聰明點，享受它！它會帶給你歡樂的，可是必須及時，否則它將一去不返。滿足於你現在所擁有的，別要那些你永遠也用不到的財富；珠寶、金銀、錦緞永遠不能帶給你心境的平安；限制自己的野心，對每一樣事物都要守中庸之道，他是享樂主義，卻又是堅忍主義，他認爲享樂必須無害，而不可過度地追求。

他還寫愛情、寫酒、寫神、寫愛國詩、寫羅馬精神、寫義大利風景……，都是人類常見的思想與感受，可是他的表現方法是那麼美、那麼經濟、那麼細膩，他似乎擁有一種把習以常見的事物披上完美無缺的形式的天才，而這天才使他成爲不朽。

「書信」是以散文討論生活、哲學、文學等問題的書信。「詩法」是他對詩的觀點，與對一個初學寫作者的教訓，他認爲初學寫作要選擇自己所熟悉的材料、研究別人的好作品、求取權威性的批評，而在仔細地核閱自己的作品時不要急於出版。

所有這些作品都流傳至今日，且仍然會給你無上的享受。

十四 奧威德 (*Ovid 43 B.C.-A.D. 17or18*)

奧威德並不是一個嚴肅的作家，他的詩都是爲娛樂而寫，可是他一直是一個受歡迎的詩人，而對文藝復興時期的詩人與畫家有莫大的影響，尤其是「變形記」一書，簡直成爲他們尋找靈感與題材的源泉。

奧威德生於離羅馬九十里的蘇里蒙(Sulmo)，家境富裕，父母送他到羅馬學法律，可是從業沒幾年，即摒棄了一切從事政治生涯的念頭而專寫詩，不久即成爲當時羅馬貴族社會中的鋒頭人物；至公元八年，由於作品有觸怒奧古斯丁大帝之處，被放逐至黑海沿岸的多米，過了十年悲慘的日子，老死國外。

「愛」(Amores)是一些簡短的愛情素描，多是他個人的經驗，「女主角」(Heroides)是一些古代名著中的女主角寫給她們的愛人的詩信；「愛的藝術」(Ars Amatoria)談及女性的取悅術，對羅馬當時的娛樂世界有極生動引人的描敘，據說就是這本書觸怒了正在推行社會改革的奧古斯丁；以上這些作品使他贏得了當時讀者的愛戴。

「法司蒂」(Fasti) 是一首敘事詩，記敘羅馬一年中的祭典，未完成。「愁」(Tristia) 與「寄自黑海的書信」(Letters from Black Sea) 是放逐後的作品，是研究他的生平的好資料。

最後讓我們來談談他那本對後世有如此巨大影響的「變形記」(Metamorphoses)。「變形記」共有十五卷，可說是古代神話與傳說的大全，由於每個故事中的人物都有形體的變化，故名。韻文流暢華美，敘述清晰緊湊，故事引人入勝，是西洋文學史上的一部大著作。

十五　阿普利斯（*Licius Apuleius C.A.D. 125-?*）

羅馬文學最後的一個重要作家當推阿普利斯，而使他在文學上留有不朽價值的作品是「金驢記」。

「金驢記」是一部自傳體的小說，是西洋文學中的「第一小說」，敘述一個青年誤飲了迷藥變成一隻驢子，爲強盜所擄，開始了他那一連串的冒險，看到了形形色色，也聽到了許多奇奇怪怪的故事，其中最負盛名的如邱比特與蘇姬的愛情故事。關於羅馬各階層生活的描寫，再加上這些有趣的故事，使「金驢記」的情節異常引人，而那些故事雖是取自舊時傳說，或前人的著作，可是經他潤飾之後，使「金驢記」成爲後世小說家攝取題材的另一寶藏：義大利名作家薄伽丘的「十日談」中的故事，塞萬提斯寫「唐・吉訶德」時，都曾從它吸取過材料或靈感。

關於阿普利斯的生平我們只知道他生於北非，曾至雅典羅馬等地求學，又浪遊希臘、小亞細亞各地，對語言、哲學、法律及神祕之學皆有相當研究，除「金驢記」外著有許多修辭學、哲學方面的論文。曾與一年長於他的富孀結婚，她的親屬說他是以巫術騙取得她的愛與財富的，告到法庭，而他的「辯訴狀」使他勝訴，被判無罪。

國家圖書館出版品預行編目資料

西洋文學簡介 / 枳園著；--1 版. -- 臺北市：
大地, 2002〔民 91〕
面； 公分. -- (大地譯叢；7)

ISBN 957-8290-57-8 (平裝)
1. 西洋文學--傳記

781.054 91002211

西洋文學簡介

大地譯叢：07

作　　者：枳　園

創 辦 人：姚宜瑛

發 行 人：吳錫清

主　　編：陳玟玟

封面設計：利全

出 版 者：大地出版社

台北市內湖區內湖路2段103巷104號1樓

劃撥帳號：0019252－9(大地出版社)

電話：(02) 2627－7749

傳真：(02) 2627－0895

印　　刷：久裕印刷事業股份有限公司

1版1刷：2002年04月

定　　價：250元

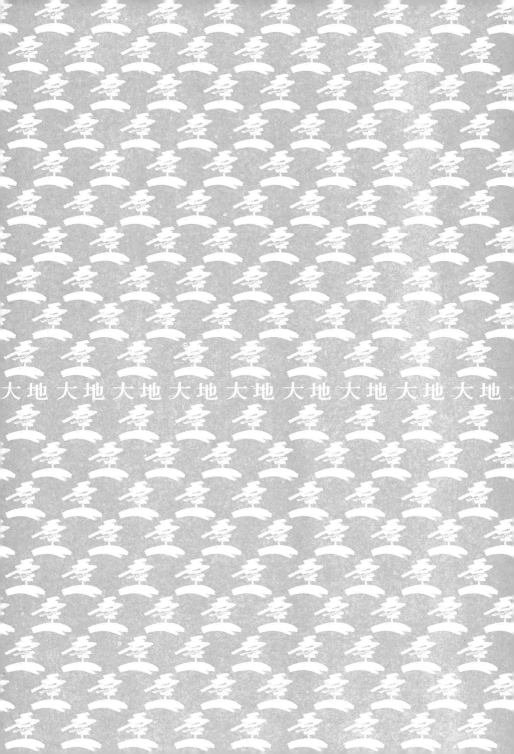